Eugenie Trützschler von Falkenstein

Liberale Gehversuche

Eugenie Trützschler von Falkenstein

Liberale Gehversuche

Prag im Aufbruch 1989

Titelbild: iStock-Fotografie / 901946026 / chrisuk1

1. Auflage 2019
© Copyright dieser Ausgabe by
Gerhard Hess Verlag, 88427 Bad Schussenried
www.gerhard-hess-verlag.de
Printed in Europa

ISBN 978-3-87336-639-8

Eugenie Trützschler von Falkenstein

LIBERALE GEHVERSUCHE

Prag im Aufbruch 1989

GHV

Kapitel 1

Die alten Möbel passen überhaupt nicht in die kleine Neu-bau-Villa.

Auch dieser dicke, recht kleine Mann, wirkt hier fast schon störend. Seit Stunden sitzt er mir in einem mit hellblauem Samt bezogenem Ohrenbackensessel schräg gegenüber und starrt in den Fernseher.

Passe ich aber hierher? Ich weiß es nicht und könnte diese Frage mit folgenden Überlegungen weiterspinnen:

Passt überhaupt jemand zu etwas oder jemand zu jemandem.

Im Gegensatz zu dem Mann wohne ich seit Jahren in diesem Haus.

Diese Möbel sind meine Möbel.

Ich rutschte ein wenig unruhig in meinem mit dunkelrotem Samt bezogenen Sessel.

Diese kaum sichtbaren Bewegungen störten den auf meinem Schoß sitzenden roten Kater. Er richtete sich auf, streckte sich ein wenig, krallte seine Hinterbeine in meine Oberschenkel. Der Kater setzte zu einem Sprung an.

„Aua ...!", rief ich.

Auf dem Bildschirm schlug gerade ein Polizist auf einen Demonst-ranten ein.

Ich hatte geahnt, dass Mirek nicht in dieses Haus, und überhaupt in diese Welt einer westdeutschen Kleinstadt im katholischen Ober-bayern, passen würde. Trotzdem hatte ich ihn eingeladen. Nicht nur so wie man üblicher Weise zu einem Bekannten sagt: „Kommen Sie doch einmal vorbei, wenn Sie in der Nähe sind."

Nein, ich schickte ihm eine förmliche Einladung. In ihr habe ich mich verpflichtet, alle während seines Aufenthaltes in der Bundesrepublik entstandenen Kosten, auch die für seine unter Umständen auftretenden Krankheiten, zu übernehmen. Das zuständige Gemeindeamt hatte auf dem Einladungsschreiben meine Identität bestätigt.

Dies alles war im Herbst 1989 notwendig, zuzeiten des „Kalten Krieges", als noch der Eiserne Vorhang den sogenannten Westen und Osten Europas trennte.

Ich hatte Mirek eingeladen, er gehörte zu meiner Kindheit in dem sechsstöckigen Mietshaus des Stadtteils Dejvice in Prag. Er war ein Teil meines Traumes über die Zeit damals, vor mehr als zwanzig Jahren. Mit ihm konnte ich wenigstens einige Tage wieder in dieser Sprache sprechen, die ich meine Muttersprache nenne, obwohl ich diese nicht mehr so wie eine Muttersprache beherrsche.

„Ich hätte jetzt nicht hier sein sollen, sondern zu Hause. Ausgerechnet jetzt, wo endlich das Regime zusammenbricht, bin ich nicht da", vor Aufregung presst Mirek die Fäuste aufeinander.

Ich dachte an August 1968, als sich ähnliche Szenen in den Straßen Prags abgespielt hatten. Ich hatte die Stadt verlassen, obwohl die Folgen in der letzten Konsequenz noch nicht absehbar waren. Mirek ist damals geblieben, und jetzt sah er seine Chance dabei zu sein, langsam auf dem Bildschirm schwinden.

Aber auch mir tat es leid nicht dabei sein zu können. Auch mich hatten die Nachrichten, und vor allem die Fernsehbilder der letzten Stunden, oder waren es schon Tage, völlig aus dem Gleichgewicht gebracht. Auch ich hätte dabei sein wollen, auf dem Wenzelplatz in Prag, um gegen das bereits fast ein halbes Jahrhundert herrschende Regime zu demonstrieren.

*

Zwei Tage später fuhr Mirek nach Prag zurück. Eigentlich wollte er drei Wochen bleiben um sich eine Summe harte DM zu verdienen.

In diesen zwei Tagen hatte die sogenannte „Samtene Revolution", wie man die Ereignisse dieser Novembertage in Prag unterdessen nennt, gesiegt. Bereits zehn Tage vorher – am 9. November – wurde die Mauer zwischen West und Ostdeutschland niedergerissen. Berlin war wiedervereint.

*

In Prag angekommen stellte Mirek, in der elterlichen Wohnung, in der er seit seiner Scheidung wieder mit seinem älteren gleichfalls geschiedenen Bruder Ivan und der Mutter lebte, nur die Tasche ab, um in die Kneipe um die Ecke zu eilen.

Hier „Beim heiligen Wenzel" hatte er sich seit seiner frühesten Jugend täglich gegen 18.00 Uhr mit denselben Bierkumpanen getroffen. Zugegeben, zwischen 1968 und 1969 wurde die Stammkundschaft stark dezimiert, aber seit diesem Zeitpunkt war sie praktisch unverändert geblieben.

Die Kneipe „Beim heiligen Wenzel" konnte man ihrem Äußerem und auch der Funktion nach nicht als ein Restaurant bezeichnen. Nicht im Sinne des deutschen Sprachgebrauchs. Zwar wurde sehr gut gekocht, aber alles hier machte einen schmuddeligen und verrauchten Eindruck, die Tischdecken, die Vorhänge und auch der alte Parkettboden. Aber auch der Zweck, dem sie vor allem diente, war und ist in Deutschland unbekannt. Überall in Prag, aber auch in jedem, selbst dem kleinsten Dorf auf dem Lande, gab es eine solche Kneipe. Hier trafen sich die Männer täglich nach der Arbeit, um beim Bier über das Leben und die Politik zu debattieren. Da das Leben von der Politik bestimmt wird, verbanden sich beide Themen. Jeder Tscheche hat seine eigene Stammkneipe. Sie wird vererbt. Es ist meist dieselbe, in welche schon sein Vater, Großvater und vielleicht gar der Urgroßvater gingen.

Letzteres nur nicht, wenn der eine oder andere der Arbeit wegen in die sogenannte Großstadt zog. Die Kneipentradition wurde unterbrochen, um am neuen Wohnort eine neue mit eigener Dynastie zu begründen. So zum Beispiel in Dejvice. Dieser Stadtteil wurde erst in den zwanziger Jahren systematisch bebaut. So stammt auch das Haus, in dem sich die Kneipe „Beim heiligen Wenzel" befindet, aus dieser Zeit. Mirek und sein Bruder Ivan gehörten erst zu der dritten Generation von Männern, die hier ihren abendlichen Trunk nahmen.

„Was ist denn los?" Mirek sah den buckligen Wirt fragend an. Er war ganz alleine im Lokal. Statt wie gewöhnlich hinter der Theke zu stehen, saß er in dem großen Gästeraum an einem der leeren Tische und sah fern.

„Sie sind alle bei der Versammlung."

Mirek fielen die Versammlungen des kommunistischen Jugendverbandes Pionier, die des Gewerkschaftsbundes und des Betriebsrates ein: „Zu Versammlungen sind wir doch nie gegangen." Er trat näher an das Fernsehgerät. Eine junge langhaarige Blondine begann ihre Bluse zu öffnen. Alle Muskeln seines Gesichts spannten sich auf einmal an: „Siehst du, langsam fällt es, eins nach dem anderen."

„Sag ich auch. Deswegen rennen sie alle zu den Versammlungen."

Der sehr enge schwarze Rock der Blondine rutschte über die Knie herunter.

„Was redest du von Versammlungen?"

„Das kannst du dir nicht vorstellen. Sie sind alle wie hypnotisiert."

Die beiden Brüste der Blondine quollen aus einem Spitzenbüstenhalter hervor. Zwei Paar Augen schienen sich gelöst zu haben und in die etwas flatternden Baumwollunterhosen gerutscht zu sein.

„Bin ich auch." Mireks Mund gab einen tiefen stöhnenden Ton von sich.

Plötzlich begannen die schwarz-weißen Brüste zu vibrieren. Die vier Augen folgten diesen Bewegungen unablässig. Die Schwingungen wurden immer schneller. In der Gaststube schien sich plötzlich alles um eine Achse zu drehen, in deren Mitte nur noch die Brüste zu sehen waren.

„Klick", machte das Gerät, der Bildschirm wurde schwarz. Die Augen und mit ihnen die beiden fast glatzköpfigen Schädel fanden wieder ihre natürliche senkrechte Stellung.

„So ein Mist. Gerade jetzt, aber man muss immer mit allem rechnen." Mireks Stimme klang ärgerlich.

„Sage ich ja auch. Nur die Fizls haben nicht daran geglaubt. Geschieht ihnen recht."

*

Zur selben Zeit stand ein paar Blocks weiter auf einem provisorischen Podium der überfüllten, schuleigenen Turnhalle einer von Mireks Bierkumpanen, Wenzel.

Er hielt ein Mikrofon in der Hand: „Wenn wir erreichen wollen, dass die Schuldigen des früheren Regimes ..."

„Sie sollen alle in den Knast", rief einer, ihm schienen sich Hunderte von Anwesenden anzuschließen. Im Chor begannen sie zu schreien: „In den Knast."

„Liebe Freunde", rief Wenzel dazwischen. Trotz seiner kräftigen Stimme gelang es ihm nicht die Ruhe wieder herzustellen.

Der mittelgroße sehr kräftige Mann blickte verzweifelt um sich in die Menge. Seine Augen begegneten denen von Franta. Verdammt. Ausgerechnet der alte Kommunist hatte den Mut herzukommen. Frantas Augen hielten denen Wenzels nicht Stand, sie senkten sich.

„Liebe Freunde", rief Wenzel noch einmal in den Raum.

Erst durch die entstandene Stille wurde Wenzel zum ersten Mal, seit er hier vor den Klettergeräten stand, bewusst, dass man von ihm eine klare Anweisung für das weitere Vorgehen erwartete.

Diese Erkenntnis rief in ihm gemischte Gefühle hervor. Sie machten sich rein organisch durch ein unangenehmes Kribbeln in der Magengegend bemerkbar.

War es nicht das, wovon er seit Jahren, wenn nicht Jahrzehnten geträumt hatte? In der Zeit, in der er als Eisenbahnschaffner auf der Strecke Prag – Eger fuhr?

Als er im Dienstabteil saß, aus dem Fenster die vorbeieilende Landschaft betrachtete, und dabei sein Pilsner trank? In den zahllosen Stunden, die er alleine mit seinem Pilsner verbrachte, hatte er in Gedanken seine Reden an das Volk geübt.

Er, Wenzel, der begnadete Redner. Das Wort „Führer" traute er sich wegen dessen nationalsozialistischen Belastung nicht einmal in der Übersetzung zu benutzen.

Endlich, nach so vielen Demütigungen war seine große Chance gekommen. Er lässt sie nicht noch einmal verstreichen, wie damals im September 1969.

Wegen Dagmar trat er die Reise nach München nicht an. Kurz darauf war die Grenze zu und Dagmar weg.

Die Stille im Raum unterbrach seine Gedanken. Er stierte in die Richtung, in der er Franta gesehen hatte. Die Augen der beiden Männer begegneten sich erneut. Seinetwegen muss ich es schaffen, versprach sich Wenzel, während er seine Stimme hörte: „Ich schlage vor, wir rufen ein Bürgerforum aus. Das sich mit der Vergangenheit, aber auch der Zukunft unseres Landes befassen soll."

Das Klatschen der zahllosen Hände ermöglichte es Wenzel nicht, weiter zu sprechen. Fast mechanisch beugte sich sein schwerer Körper vor. Diese Geste rief weiteren Applaus hervor.

„Danke, danke," rief Wenzel, doch weil er in der Aufregung vergessen hatte, das Mikrofon zu benutzen, hörte ihn niemand. In diesem Moment war es unwichtig. Wenzel fühlte die Wärme, die durch seinen Körper floss. Sie verbreitete in ihm Glücksgefühle.

Kapitel 2

Die Zugverbindung Prag-Hof-München war eine der wenigen Verbindungen zwischen den beiden Nachbarstaaten, die während des Kalten Krieges fortbestanden hatte. Der Zug mit seinen Waggons verband den Westen mit dem Osten. Anders ausgedrückt, das freie Europa, das man auch kapitalistisch bezeichnete, mit dem gerechten sozialistischen. Die Stadt Eger bildet seit dem späten Mittelalter eine Nahtstelle zwischen den Deutschen und den Tschechen, eine Stadt, um die sich aufgrund dieser Tatsache ein sogenannter Böhmischer Kulturkreis entwickelt hatte. Spätestens seit dem Dreißigjährigen Krieg, als sich hier die Katholiken und die Protestanten gegenüber standen, und der Vermittler zwischen beiden Lagern, General Wallenstein, ermordet worden war, ging sie in die Geschichtsbücher ein.

In den letzten vierzig Jahren wurde hier jeder Waggon auf blinde Passagiere, Drogen und sonstige Schmuggelware kontrolliert, sowie die Lokomotiven ausgewechselt. Während dieser Zeit waren die Maschinenpistolen der sozialistischen Soldaten auf die einzelnen Waggons gerichtet. Die Schäferhunde waren das Schießen gewohnt und rannten, als gebe es für sie nichts Interessanteres im Leben, unter und um die Waggons herum. Generationen von Soldaten, Hunden und Kalaschnikows haben in Eger im Sommer wie im Winter ihren Dienst getan. Es sei ihre Pflicht, das sozialistische Lager zu verteidigen, hat man den Männern eingebläut. Sie dachten darüber genauso wenig nach wie die Hunde oder die Kalaschnikows. Sie taten lediglich ihren Dienst. Diese Prozedur dauerte nicht ungefähr, sondern genau zwei Stunden, die im Fahrplan berücksichtigt wurden.

Der Zug kam zum Stillstand. Manfred, der im sogenannten Niemandsland am offenen Fenster stand, streckte seinen fast kahlen Kopf weit aus dem Fenster. Ein kühler fast schon beißender Wind schlug ihm entgegen.

Er drehte den Kopf nach links und dann nach rechts, ungläubig wiederholte er diese Bewegung mehrmals. Nein, die Soldaten waren, samt ihren Schäferhunden, nicht mehr da. Die Kälte kann es nicht sein, sagte sich Manfred.

Ohne weiter darüber nachzudenken, ging er durch den schmalen Gang bis zur Waggontür. Er öffnete sie vorsichtig, wartete einen Augenblick. Als er keine mahnend schreiende Stimme oder Hundebellen hörte stieg er, für sein Alter sehr elegant, die Treppen hinunter.

Als er die Gaststätte des um die Jahrhundertwende gebauten Bahnhofes mit wie üblich schnellen Schritten betrat, kam ihm eine Rauchwolke entgegen. Er schloss automatisch die Augen. Als er sie wieder öffnete, fiel ihm auf, wie voll es hier war.

Manfred sah auf seine Armbanduhr: Es war kurz nach 14.00 Uhr. „Ein Bier?", fragte ihn der Kellner auf Deutsch. Ohne auf seine Antwort zu warten, drückte er ihm den Krug in die Hand. „Sieben fünfzig", sagte der Mann.

„Aber ich habe noch kein Geld." Manfred wollte dem Kellner sein Bier wieder zurückgeben, aber dieser war bereits mit mindestens noch zehn Krügen in den Händen weiter gegangen.

Wenzel, der zufällig neben Manfred stand, klopfte ihm sanft auf die Schulter: „Lassen Sie, ich lade Sie ein."

„Nein, das geht nicht. Sie können mich nicht einladen, " widersprach Manfred.

„Na ja, Sie können es mir im Zug dann wieder geben, oder auch nicht."

*

Es war schon dunkel, als er am Prager Hauptbahnhof angekommen war. Einen Augenblick lang überlegte Manfred, wie üblich das Taxi zu nehmen, aber neugierig, ob man den Pragern die politischen Ereignisse der letzten Tage ansah, beschloss er, mit der U Bahn zu fahren. Von der Endhaltestelle Dejvicka waren es bis zu Klaras Wohnung nur einige hundert Meter. Obwohl er einen eigenen Schlüssel hatte, klingelte er, quasi vorsichtshalber, dann schloss er auf. Die kleine Zweizimmerwohnung im sechsten Stock des in den vierziger Jahren des zwanzigsten Jahrhunderts gebauten Hauses wirkte noch chaotischer als sonst. Es lagen nicht nur wie üblich auf allen Stühlen verstreut einzelne Kleidungstücke, sondern zusätzlich auch zahllose Papiere und Zeitungen. Manfred sah um sich. Er stellte seinen großen schwarzen Koffer in die rechte Ecke unter die Dachschräge, die wohl nur deswegen noch frei geblieben war, weil in sie kein Stuhl hineinpasste.

Manfred begann aufzuräumen, wie immer wenn er bei Klara war. Er betrachtete es als seine Aufgabe, Ordnung zu schaffen. Seit knapp zwei Jahren tat er dies, im regelmäßigem Abstand von vier Wochen. Er nahm eines ihrer kleinen Höschen in die Hand, um es in den Wäschekorb im Bad zu tragen. Manfred fragte sich, ob Klara, die junge blonde Staatsanwältin, dieses Chaos nur ihm zuliebe veranstaltete. Sie wusste doch, wie viel Spaß es ihm machte, in ihren Sachen, vor allem den intimsten, zu stöbern, wie gerne er aufräumte, vor allem hier in ihren vier Wänden.

Als Klara eine knappe Stunde später die Tür aufschloss, war Manfred mit dem Aufräumen fast fertig.

„Heute Abend wie üblich?", fragte Manfred. Er ließ es sich nie nehmen, mit Klara am ersten Abend in einem der teuersten Restaurants Prags, auf der sogenannten Kleinen Seite „Bei den Malern", einzukehren.

Für ihn, aus dem Westen kommend, gerade 65-jährigen Geschäftsmann, vermischte sich bei dieser Einladung und dem Besuch dieses

Nobellokals der Stolz über sein Geld mit Freude. Es ermöglichte ihm, dem nicht gerade großen und schlanken Mann, diese schlanke blonde, knapp dreißigjährige Frau vornehm auszuführen.

„Nein, heute nicht. Ich habe keine Zeit", Klara versuchte sich aus Manfreds Umarmung zu befreien.

„Und überhaupt, wohin hast du alle meine Papiere getan?"

„Du hast doch gewusst, dass ich komme."

„Natürlich, wir haben doch schon so etwas wie einen Jahresplan. Aber wo sind meine Papiere?"

„Hast du vergessen, dass ich komme, oder ist da etwas anderes", wiederholte Manfred etwas eifersüchtig.

„In unserer Planung haben wir nicht ...", begann Klara. Gleichzeitig fing sie an, die auf einem Stapel auf dem Boden liegenden Blätter zu durchsuchen.

„Die Planung stammte wie stets von mir, und sie war bis ins Detail ausgearbeitet. Seit Jahrzehnten saß ich im Planungsstab unserer Firma und die hat ..."

„ Es gibt Sachen, die kann man nicht planen."

„Man kann alles planen", stellte Manfred fest. Ihm kam der Gedanke, dass Klara vielleicht schwanger war. Im selben Moment sah er seine Frau vor sich.

Manfred wurde schwindlig vor Augen. Er musste sich auf den am nächsten stehenden Stuhl setzen. In dieser Lage sah er, wie Klara jeden einzelnen Bogen Papier in die Hand nahm. Sie überflog die Bögen, legte ein Blatt zur Seite, um das nächste wieder in die Hand zu nehmen.

„Suchst du etwas Bestimmtes?" Das schlechte Gewissen war aus Manfreds Stimme herauszuhören. Dadurch, dass er in ihrem Chaos versuchte Ordnung zu schaffen, hatte er ihr eigenes Prinzip durcheinander gebracht.

„Ja, die Einladung für die heutige Versammlung."

Manfreds Atem beruhigte sich sofort. Das war es also, was er in seiner Planung nicht berücksichtigt hatte. Es freute ihn, jetzt hier zu sein.

Ein richtiger Mann im richtigen Augenblick, sagte sich Manfred, und während er sich zu Klara beugte, stellte er laut fest: „Revolutionen werden nicht geplant. Sie entstehen einfach. Erst später erklären die Historiker der Nachwelt ein bestimmtes Ereignis zur Revolution."
Klara sah ihn mit ihren blauen Augen etwas irritiert an: „Ich will zu einer Versammlung gehen, aber ich mache keine Revolution."
„Aber Kleines, das ist doch egal, wie du es nennst ..."

Als sie das Nebenzimmer des Gasthofes „Unter den Lauben" betraten, war der kleine Raum bereits überfüllt. Die Versammlung schien im vollen Gange zu sein.
Klara hatte die Einladung nicht gefunden. Wahrscheinlich hatte es doch schon um sieben angefangen, vermutete sie.
Klara und Manfred setzten sich neben Pavel, einem jungen Mann mit schulterlangen Haaren. Er bewog seine Nachbarn, noch ein wenig mehr zusammen zu rutschen.

Ein großer schlanker Mann lehnte an der Wand und redete.
„Wovon spricht er", fragte Manfred Klara. In den beiden letzten Jahren hatte er lediglich so viel Tschechisch gelernt, um sich ein Bier zu bestellen. Für das Verstehen eines längeren und gar komplizierteren Textes reichte das nicht.

„Er erläutert die Ziele, die wir erreichen wollen. Es sind vor allem die Menschenrechte, aber auch die Unterstützung der Unternehmer. Übrigens heißt er Mila."
„Wenn ihr etwas erreichen wollt, dann müsst ihr eine Partei gründen", flüsterte Manfred Klara ins Ohr.
Sie blickte ihn an, als hätte er etwas Verbotenes gesagt.
„Ich verstehe. Ihr habt jetzt die Nase voll von Parteien, aber auch wir im Westen haben Parteien." Seine Stimme war jetzt so laut, dass sie auch Mila vernahm. Er wandte sich in einem klaren Hochdeutsch an Manfred: „Natürlich sind wir für jede Unterstützung dankbar. Wenn wir welche brauchen, dann jetzt."

Manfred sah um sich und lachte Klara an: „Wenn Sie es alle hier wünschen. Nichts würde ich lieber tun, als Ihnen helfen. Ich selbst bin Mitglied in einer liberalen Partei in Deutschland. Das, was Sie hier gerade genannt haben, entspricht klassischen liberalen Werten. Ich schlage Ihnen vor, eine „Liberale Partei" zu gründen."
Und so geschah es.

Kapitel 3

Der kleine schmächtige Lutz nahm die Zügel kürzer, gab kurz Paraden links, dann rechts. Der Hannoveraner Hengst setzte sich in Bewegung. Die Körper des Pferdes und des Reiters passten sich einander an. Das Tier schien durch die breite Allee regelrecht zu schweben. Ein Beobachter hätte glauben können, das Tier sei ohne einen Reiter durchgegangen. Nach ein paar Hundert Meter parierte Lutz das Pferd durch, nahm wieder aufrechten Sitz an und klopfte dem Tier zur Belohnung den Hals. Der braune Hengst schnaubte zufrieden. Auch er freute sich über diesen täglichen morgendlichen Ausritt mit seinem Herrn. Ahnend, dass er bis zum nächsten Ausritt die nächsten dreiundzwanzig Stunden würde in der Box stehen müssen, wollte das Tier die Zeit hier draußen noch länger auskosten. Der Hengst verlangsamte sein Schritttempo. Lutz fiel dies nicht auf. In seinen Gedanken war er bereits bei seiner nächsten Veranstaltung zum Thema: „Zukunft des Liberalismus." Obwohl es für die Liberalen eigentlich zum Dauerthema gehörte, war es seit der vor ein paar Wochen verlorenen Landtagswahl wieder einmal brandaktuell geworden. Alle Parteifreunde glaubten, Lutz würde quasi seines Amtes wegen ein Patentrezept für die Steigerung der Popularität der Liberalen besitzen. Doch Lutz hatte partout keine kreativen Gedanken.

Er brachte das Pferd in die Box, sattelte es ab und rieb es mit einem Tuch trocken. Dann schaltete er die beiden Höhensonnen auf zehn Minuten und gab seinem Hengst eine letzte Karotte. Dann zog sich Lutz um und stieg ärgerlich in seinen roten Porsche.

Knapp zwanzig Minuten später hatte sein Ärger den Höhepunkt erreicht. Lutz kannte sich und solche Situationen. Auch die Sekretärin wusste Bescheid. Sie grüßte höflich. Als sie seinen Gesichtsausdruck sah, senkte sie schnell ihren Kopf und tat so, als müsste sie augenblicklich ein Schreiben in den Computer tippen.

Lutz setzte sich an seinen überdimensional großen Schreibtisch. Wie fast alle anderen Gegenstände in diesem Raum hatte er ihn bei seinem Freund, dem Antiquitätenhändler in Köln, sehr preisgünstig erworben. Er öffnete die linke Schubladenhälfte, nahm aus ihr seinen Bourbon Whisky und goss sich ein halbes Glas ein.

In seinem Sessel zurückgelehnt, begann er über seine Rede nachzudenken: Meine Damen und Herren, die Lage der Liberalen war nie einfach ... Gut so, sagte sich Lutz. Er nahm einen Schluck aus dem Glas und formulierte weiter: Die Liberalen sind auch keine Massenpartei und sie wollen es auch nicht werden. Wollen wir es wirklich nicht? Wieder nahm er einen Schluck aus dem Glas. In diesem Moment fiel ihm ein kleiner Zettel auf, der neben seinem Telefon lag: „Dringend Manfred anrufen. Er sagte, es sei wichtig, wollte aber seinen Nachnamen nicht nennen, die Nummer hätten Sie ja."

Lutz sprang auf, haute mit seiner Faust so fest auf die Schreibtischplatte aus deutschem Birkenholz des 18 Jahrhunderts, dass ihn die ganze Hand schmerzte. Dann eilte er zur Tür. Während er sie öffnete schrie er hinaus: „Seit wann schreiben Sie mir solche albernen Zettel mit Nachrichten von irgendwelchen Leuten, die ich nicht kenne."
Die Sekretärin senkte ihren Kopf jetzt noch tiefer. Im selben Augenblick klingelte das Telefon neben ihr. Sie hob den Hörer ab.
„Ja ich verbinde", sagte sie höflich und zu Lutz gewandt: „Ihr Freund Manfred ist dran."

Auf diese Situation war Lutz nicht vorbereitet. Sein Inneres verwandelte sich in das eines kleinen Jungen, der wie damals der strengen Mutter gehorchte. Er drehte sich um und ging mit kleinen Trippelschritten zu seinem Schreibtisch.

„Ja", sagte seine jetzt so zaghaft wirkende Stimme in das Telefon, ohne sich wie üblich mit Funktion, Namen und Doktortitel vorzustellen. „Hallo, mein Junge! Schön dass ich Dich erwischt habe", sagte jemand am anderen Ende der Leitung. Lutz hatte absolut keine Ahnung, wer es sein könnte. Der Gedanke kam ihm, zu fragen, wer es war. Er verwarf ihn sofort wieder und hörte stattdessen den Ausführungen zu. Am Ende wusste er, dass sein heutiger Vortrag gerettet war. Entspannt lehnte er sich in seinem Ledersessel zurück und begann, nachdem er die Sekretärin über das Mikrofon gebeten hatte ihm Kaffee zu bringen, die Züricher Zeitung zu lesen.

*

Lutz sah die auf ihn voll Erwartung gerichteten Blicke. Er genoss die Spannung. Er zog diese in die Länge, indem er einige allgemeine Sätze über die Freiheit und ihre Werte in der heutigen Zeit hinzufügte. Dann atmete er tief durch, so wie er es bei dem Joga-Seminar in Indien gelernt hatte: „Meine Damen und Herren, die Freiheit ist für uns als Liberale das oberste Gebot. Unsere Nachbarn haben sie nach Jahrzehnten der Unterdrückung durch die Kommunisten wiedererlangt." Hier machte Lutz eine kurze Pause, und nachdem er noch einmal kurz durchatmete fuhr er fort: „Nicht nur ist das Land unserer Nachbarn frei, nein, es bekennt sich auch zu den Traditionen des Liberalismus. In diesem, neu in die Gemeinschaft der Demokraten zurückgekehrten Staat wurde bereits jetzt, und dies muss ich ausdrücklich betonen, auf die Anregung eines Mitgliedes hin, eine liberale Partei gegründet. Es lebe die Freiheit, es lebe der Liberalismus!" „Es lebe der Liberalismus", wiederholten die fünfzehn Anwesenden gleichzeitig klatschend im Chor.

*

Am selben Abend war, geographisch gesehen, fast ein Tausend Kilometer weiter östlich die Kneipe „Beim heiligen Wenzel" fast so voll, wie sie es in den ganzen letzten Jahren an den Wochenenden stets gewesen ist. Nicht ganz so voll wie werktags.

Diejenigen der Stammkunden, die freitags zu ihren Wochenendhütten fuhren, fehlten. Heute versammelten sie sich in der dortigen Kneipe, quasi an ihrem „Zweitwohnsitz", an ihrem „Zweitstammplatz", um das zu diskutieren, was sie bereits zu Hause, in der Großstadt besprochen hatten. In dem man sich hier mit den anderen Pragern austauschte, fand eine zweite Kommunikationsebene statt, die wiederum nach der Rückkehr die heimische Kommunikation beeinflusste.

Diese Wochenendbehausungen gehörten zum festen Bestandteil des Lebens eines jeden Pragers, und hatten ihre eigene Hüttenkultur und -Gesellschaft entwickelt. Dies lag in erster Linie daran, dass man während des Sozialismus, nirgendwohin als in die eigene Hütte fahren konnte. Die meisten Tschechen fühlten sich, wenn nicht als Indianer oder Cowboys, so wenigstens als Pfadfinder. Am Wochenende lebten sie ihre Träume und ihre Fernweh aus. Wegen dieser Hütten-Kultur fanden an den Wochenenden in Prag, aber auch in den anderen Großstädten, keine politischen Versammlungen statt, man befürchtete zurecht ein zu geringes Publikum.

Am Montag standen dann fast alle wieder vollzählig an ihrem Stammplatz, einem breiteren Brett gegenüber der Theke. Sie tranken ein Bier nach dem anderen, aßen dazu geröstetes Brot mit viel Knoblauch und Schmalz. Im Sinne, vor allem des Wirtes, hielt dies den Durst konstant hoch. Die Stammtischkumpane hielten ihre Reden, wie sie es schon immer taten. Obwohl der Inhalt meist politisch gewesen war, wurde er jetzt konkreter.

„Wir haben jetzt eine eigene Partei gegründet", verkündete Mila, hob den vollen Krug hoch und setzte ihn an seinen Mund.

„Von Parteien haben wird doch die Nase voll, oder?" erwiderte Pavel.

Er stand ein wenig abseits von den anderen. Etwas ironisch sah er dabei Franta an, den einzigen Kommunisten unter den Anwesenden.

„Also, ich persönlich bin gleicher Meinung. Deswegen bin ich gegen das Gründen von Parteien, zumindest in diesem Stadium", mischte sich Wenzel ein.

„Noch eine Runde?", fragte pro forma der Bucklige. Ohne auf ihre Antwort zu warten, stellte er sechs volle halbe Liter Krüge vor die Männer.

„Das war auch unser Problem Achtundsechzig. Wir haben uns auf die Reformen verlassen. Keine neue und unbelastete Partei gegründet. Diesen Fehler dürfen wir nicht noch einmal machen."

Obwohl Milas Stimme belehrend, wie die eines Universitätsprofessors klang, der er nie gewesen ist, widersprach ihm Pavel: „Man kann sich auch anders organisieren. Es muss nicht unbedingt in einer Partei sein." Er sah wieder den fast sechzigjährigen großen breitschultrigen Franta an. Einen Augenblick lang überlegte er, ihn zu fragen, wieso er sich überhaupt noch hierher traute. Jeder von ihnen wusste doch, dass Franta nicht ein einfacher Kommunist gewesen war. Nein, Berater des Zentralkomitees war Franta gewesen. Pavel verwarf diesen Gedanken aber wieder. Er war der Jüngste unter ihnen und musste froh sein, hier überhaupt geduldet zu werden. Pavel biss die Zähne zusammen, Franta schwieg weiter.

Wenzel, der die beiden nicht nur dem Alter nach so unterschiedlichen Männer aufmerksam musterte, freute sich ein wenig über deren Differenzen. „Genau das haben wir gemacht", stellte Wenzel fest und begann den Anwesenden über die Gründung des Bürgerforums zu erzählen.

Als Pavel gegen 22.00 Uhr die Kneipe verließ, wurde ihm bewusst, dass Franta den ganzen Abend nichts gesagt hatte, obwohl er ihn immer wieder provoziert hatte.

Er konnte es sich eigentlich nicht erklären. Die Vorstellung, dass Franta mit sich selbst haderte, widersprach seiner voreingenommenen negativen Meinung über den Kommunisten Franta.

Und doch war es so. Franta, der in einem kleinen Dorf in Nordböhmen geboren wurde, trat im Mai 1945 in die Partei ein. In diesem Monat geschah so vieles: Der Krieg ging zu Ende, die Deutschen in seinem Dorf, Männer, Frauen und auch Mädchen, wie Gudrun eins von ihnen war, wurden pauschal zu Nazis deklassiert. Man durfte sie nicht nur jagen sondern auch töten, ohne, dass einem etwas geschah, im Gegenteil, man wurde damit ein Held des kommunistischen Widerstandes. Im Mai wurde Franta sechzehn Jahre und war zum ersten Mal mit einem Mädchen zusammen, mit Gudrun. Eigentlich war er nur ihretwegen in die Partei eingetreten. Damals war er davon überzeugt, nur so könnte er sie schützen und auch von einer Abschiebung nach Deutschland bewahren. Er glaubte, nur als Parteimitglied gelänge ihm dies. Notfalls wollte er für sie kämpfen um sie für sich zu behalten. Er hatte ihr von seinem Vorhaben erzählt, als sie wieder einmal neben ihm auf der frisch duftenden Wiese lag. Sie lachte und sagte nur: „Du bist ein Kindskopf."

Franta wollte ihr das Gegenteil beweisen. Weil sie über ihn so gelacht hatte, ging er gleich am nächsten Morgen in das gerade errichtete Büro der Nationalen Front, welches in dem von Deutschen verlassenen früheren Gasthof „Zum weißen Schwan" untergebracht war. Der deutsche Name und auch der weiße Schwan, der plastisch in das Mauerwerk integriert war, wurden so mit roter Farbe übermalt, dass die Farbe eine rote Fahne bildete.

Als Franta eintrat saßen sieben Männer an den Tischen, tranken Bier und redeten über Politik. Franta zuckte zusammen. Für einen Moment, fragte er sich, ob er hier richtig sei, dann fiel ihm ein, dass die Räumlichkeiten noch vor nicht einmal zwei Wochen als Gasthof genützt wurden, und die Genossen – auch wenn sie es nicht wollten – keine andere Möglichkeiten hatten, als hier in der Bierstube zu sitzen.

„Na Kleiner, willst du auch mitmachen", fragte ein kräftiger älterer Mann.

Bevor Franta antworten konnte, mischte sich sein Nachbar ein: „Mit dem Trinken kann man nie früh genug anfangen, Prost!" Gleichzeitig wurden weitere sechs Gläser hochgehoben und es wurde getrunken und weiter diskutiert ohne Franta zu beachten. Er machte drei Schritte nach vorne und blieb hinter den gesenkten Köpfen stehen um zuzuhören.

Plötzlich drehte sich ein kräftiger älterer Mann zu ihm: „Du bist doch der Franta, oder?"

Als Franta nickte, fuhr er fort: „Komm setzt dich, trinke mit uns ein Bier oder auch zwei."

Er blieb, trank und hörte den Plänen zu, wie man in seinem Dorf, und nicht nur in diesem, sondern in der ganzen Gegend, nachdem man die Deutschen vertrieben hatte, den Grundbesitz und die Häuser an Tschechen und Slowaken verteilen wollte.

„Es wird wieder so wie vor der Schlacht am Weißen Berg", verkündete der kräftige ältere Mann, hob sein Glas hoch und rief laut „Prost". Franta wunderte sich über die spontane Zustimmung, denn er konnte sich nicht vorstellen, obwohl er den Dreißigjährigen Krieg in der Schule gerade ausführlich durchgenommen hatte, wie dies gelingen sollte. Es fiel ihm ein, dass es damals kein fließendes Wasser in den Häusern gab und man es aus den Brunnen ziehen musste. Das wollte er auf keinen Fall miterleben. Er dachte an Gudrun, hatte aber nicht den Mut etwas gegen die Vorstellungen dieser so ausgelassenen Männern zu sagen. Später, tröstete er sich. In den nächsten Tagen und Wochen würde er sie zur Rede stellen und um Gudrun kämpfen. Die Zeit verging wie im Fluge. Vor lauter Plakatekleben für die Kundgebungen der Nationalen Front sah er Gudrun nur selten.

Am 21 Juni 1945 wurde das Dekret des Präsidenten der Republik, Eduard Benes, über die Konfiskation und beschleunigte Aufteilung des landwirtschaftlichen Vermögens der Deutschen, Madjaren, wie auch der Verräter und Feinde des tschechischen und slowakischen Volkes unterschrieben. Franta erfuhr von dem Dekret zwei Tage später. Obwohl das Dekret zwar die Enteignung, nicht aber die Vertreibung der Deutschen aus der Tschechoslowakei regelte, ahnte Franta, dass diese unmittelbar bevor stand.

Schokiert suchte er Gudrun. Zu Hause war sie nicht. Von Nachbarn erfuhr er, dass sie mit ihrer Mutter die Republik „verlassen habe".

Jetzt stand er in der Kneipe und versuchte sich ihr Gesicht in die Erinnerung zu rufen. Doch er sah nur ihre langen blonden Haare und ihre blauen Augen. Ja, ihretwegen würde ich es noch einmal tun, sagte er sich und musste über sich lächeln.

Kapitel 4

Am liebsten wäre ich gleich mit Mirek nach Prag gefahren. Wäre ich es wirklich? Als ich ihn zum Bahnhof gebracht hatte, fragte ich mich dies und wiederholte diese Frage in den folgenden Tagen, aus denen Wochen wurden. Zu lange war ich schon weg von dort, was man als die „Heimat" bezeichnet. Zu lange, um spontan hinzufahren. Nach Jahrzehnten der aufoktroyierten Trennung kostete es mich erhebliche Überwindung, hinzufahren. Obwohl ich mir einbildete ein hervorragendes Gedächtnis zu haben, wusste ich nicht mehr so genau, wie es in Böhmen aussah. Dieses Gefühl machte mir zwar keine direkte Angst, aber nach Prag zu fahren, war mir doch unheimlich. Die Neugierde aber war letztlich stärker.

Ich stieg an der U-Bahn-Haltestelle „Mustek" (Brückchen) aus, die diesen Namen als Erinnerung an die mittelalterliche Brücke trug. Diese verband früher einmal die Altstadt des Kaisers Karl IV mit der Neustadt und deren ausgegrabenen Reste, die man hinter Glas im U-Bahn-Untergeschoss besichtigen kann.

Ich erinnerte mich, dass am Ende des Wenzelsplatzes, rechts die „Straße des 28. Oktober" begann. Um mich des Namens zu vergewissern, las ich das Straßenschild, das nach wie vor, weiß auf einem roten Untergrund, vorhanden war.

Wie in der Schule wiederholte ich für mich: An diesem Tag ist 1918 offiziell die Tschechoslowakische Republik gegründet worden, Anlass genug nach diesem Datum eine Straße zu benennen. Ich fand es mehr als bemerkenswert, dass sie ihren Namen auch nach dem Regimewechsel im Jahr 1948, durch den die Kommunisten unblutig an die Macht gekommen waren, behalten durfte. Die Republik mit Kommunisten an der Spitze hatte nur noch wenig mit dem 1918 ins Leben gerufenen Staat gemeinsam, vielleicht tatsächlich nur noch den einen einzigen Straßennamen in dieser Stadt.

Ich fragte mich, wie und ob überhaupt dieses Datum, und diese Republik, einmal in den Geschichtsbüchern beschrieben sein wird. Ich vermutete, dass in einigen wenigen Geschichtsbüchern des sogenannten europäischen Ostens es als ein misslungenes Beispiel für das Zusammenleben zweier Nationen in einem Staat, der versucht hatte, aus diesen beiden Nationen eine einzige zu kreieren, beschrieben sein wird.

Nach den vielen Jahren in München, in der bayerischen Metropole und der angeblich heimlichen Hauptstadt Deutschlands, empfand ich vor dieser Straße nicht mehr den Respekt, den ich als Kind verspürt habe.

Auch jetzt gehörte die Straße immer noch zu einem der größten Knotenpunkte der Stadt, denn sie verbindet den Wenzelsplatz mit der Nationalstraße, an deren Ende sich am Moldauufer der Stolz des tschechischen Nationalbewusstseins, das Nationaltheater, befindet. Ansonsten war die Straße, trotz einiger imposanter Bauten aus dem Ende des 19. Jahrhundets, als man voll Eifer die mittelalterlichen Häuser in Schutt und Asche verwandelte, um im Geiste des gerade aufsteigenden Bürgertums Neues zu bauen, nicht von einer so großen Bedeutung, dass man sich mit ihr näher beschäftigen müsste. Weder standen hier die für Prag so typischen, in allen Reiseführern beschriebenen Denkmäler, noch befanden sich hier ein Theater oder sonstige Unterhaltungszentren, wegen der diese Straße bekannt geworden wäre.

Dies änderte sich im November 1989 als eines der Häuser zum Sitz des sogenannten „Bürgerforums" wurde.

Mehr unbewusst suchte ich das Schallplattengeschäft, in dem meine Mutter Ende der fünfziger und in den sechziger Jahren Schallplatten verkauft hatte. Das Geschäft existierte nicht mehr, obwohl die Geschäftslage, so nahe am Wenzelsplatz nach wie vor ausgezeichnet war. Verschwand es, weil meine Mutter vor mehr als zwanzig Jahren aus der Republik verschwand? Natürlich nicht, aber man weiß ja nie. Schon damals, Mitte der sechziger Jahre, kamen viele der Westtouristen in den Laden, und unterdessen waren auf der Straße mit Sicherheit noch mehr als doppelt so viele Touristen. Warum hatte man es also aufgelöst? Die Frage war nicht wichtig, ja völlig nebensächlich. Mich beschäftigt sie dennoch. Im Stillen dachte ich, es war doch vielleicht meiner Mutter wegen.

Ich überlegte, seit wann das Geschäft wohl nicht mehr existierte. Die Antwort war unmittelbar mit der nach meinem letzten Aufenthalt in dieser Stadt verbunden. Ich wusste es nicht genau, waren es zwanzig oder noch mehr Jahre, dass ich das letzte Mal hier entlang ging? Die Zahl war unwichtig. Egal wie sie lauten mochte, sie war in jedem Fall zu hoch. Jeder Tag, den ich nicht hier verbringen konnte, ist ein Tag zu viel in meinem Leben, sagte ich mir. Ich wurde noch melancholischer, als ich es in München gewesen war, wenn ich an das Zuhause dachte. In diese Stimmung mischte sich das Gefühl, jetzt endlich etwas tun zu wollen, für diese Menschen und dieses Land.

Im Haus, schräg gegenüber dem früheren Schallplattengeschäft, befand sich seit einigen Wochen der Sitz des „Bürgerforums". Man konnte das Haus nicht verfehlen. Nicht nur die beiden großen Buchstaben OF, das O für Obcanske (Bürger) und das F für Forum waren unübersehbar. An der Hauswand war eine überdimensionale Leinwand angebracht auf der man den letzten regierenden Vorsitzenden der kommunistischen Partei sehen konnte. Aus den Lautsprechern war seine Stimme zu hören. Das Lachen der vorbeigehenden Passanten übertönte sie zum Teil.

Es ist gut so, dachte ich mir, und gleichzeitig fragte ich mich, ob alle, die jetzt lachten, sich dies auch getraut hätten, als Herr Štrougal noch in Amt und Würden war. Ich wusste es nicht. Wieder wurde mir bewusst, dass ich schon lange nicht in diesem Staat lebte.

Genauso zahllos wie die Menschenmenge vor dem Gebäude, war die im Foyer.

Dort standen große Tafeln, auf denen die Namen und Anschriften der sich gerade konstituierenden Vereine und Parteien hingen. Sieben von ihnen konnte man ihres Namens wegen zu den liberalen rechnen.

Ich wollte versuchen, sie nach vorheriger Abstimmung mit jemandem, der bei dem „Bürgerforum" zuständig war, zu kontaktieren. Kurze Zeit später wurde mir als Ansprechpartner Wenzel vorgestellt.

„Ich gehe gleich arbeiten", entschuldigte sich Wenzel für seine Eisenbahnuniform. Er sagte dies, um überhaupt etwas zu sagen. In diesem Moment war es ihm gar nicht recht, von einer Frau an seinem mit Papieren überfüllten Schreibtisch angetroffen zu werden. Während er sprach, versuchte er die zwei untersten Jackenknöpfe zu schließen. Unbewusst holte er dabei tief Atem. Durch die eingeatmete Luft wurde der mächtige Bauch gezwungen, sich auszudehnen. Im nächsten Moment hielt Wenzel den letzten Knopf in der rechten Hand. Ich lachte. Es war ein lautes fröhliches Lachen, das Wenzel sofort ansteckte.

„Was haben Sie denn gemacht, als Sie noch nicht Bahn gefahren sind?"

„Wirtschaft studiert. Nach der Unterzeichnung der Charta musste ich die Universität verlassen. Ich kann noch von Glück reden, bei der Bahn eine Anstellung gefunden zu haben. Da gibt es ganz andere Fälle."

„Und jetzt?"

„Vorerst bleibe ich bei der Bahn. Wissen Sie, die Fahrerei hat ihre Vorteile. Sie lernen sehr viele unterschiedliche Menschen kennen und vor allem hat man Zeit zum Nachdenken. Man macht sich seine Gedanken über dies und jenes, was der eine oder andere Fahrgast gesagt hat. Man verfällt richtig ins Philosophieren. Für mich war es auf jeden Fall eine spannende Zeit. Wenn die Kommunisten geahnt hätten, wie ich diese Zeit genutzt habe ..." Wenzel lachte wieder.

Das Klingeln des Telefons unterbrach das Gespräch in dem Wenzel versuchte auf Englisch zu erklären, was das Bürgerforum war und welche Ziele es hatte. Nachdem er aufgelegt hatte, klingelte das Telefon erneut.

„So geht es hier den ganzen Tag, meistens auch die ganze Nacht, der Zeitverschiebung wegen."

„Ja, ist in Ordnung, ich bin pünktlich, Sie können sich darauf verlassen."

„In wie vielen Sprachen machen Sie das", fragte ich, nachdem ich Wenzels Französisch gehört hatte.

„In fünf, und das alles Dank der Bahn. Noch mehr haben diejenigen gelernt, die in den städtischen Gärten für das Sauberhalten von Wegen zuständig waren." Wenzel unterbrach sich. Als er mein staunendes Gesicht sah, fuhr er fort: „Ein Freund von mir hat ein ganzes Medizinstudium nebenbei absolviert. Seit knapp zwei Wochen hat er seine Approbation."

„Und Sie wollen tatsächlich bei der Bahn bleiben?"

„Wahrscheinlich nicht. Wenn wir aber alle auf einmal gehen, dann bricht der ganze Verkehr zusammen. Das wollen wir nicht. Da würden sich einige der Herren, die zwar nicht mehr an der Macht sind, aber stets Einfluss haben, freuen. Diesen Spaß wollen wir denen nicht gönnen." Erst jetzt fiel Wenzel auf, dass er noch gar nicht erfahren hatte, weshalb ich ihn aufsuchte.

Wie im Schnelldurchlauf sah ich die zwanzig Jahre vorbeiziehen, die ich bereits in Deutschland verbracht hatte. Wie aber erklärte ich ihm all das, was ich dort erlebt hatte? War es überhaupt wichtig, um jetzt und hier mittun zu dürfen? Nein, ich konnte diesem Mann nicht alles erzählen. Nicht, weil er ein Fremder war, deswegen nicht, aber ... Ich schüttelte mit dem Kopf:

„In Deutschland bin ich Mitglied bei den Liberalen. Ich will zu allen Gruppierungen Kontakt aufnehmen, die einen liberalen Namen haben, um festzustellen, wie sie orientiert sind und welche Ziele sie verfolgen."

„Vielleicht ist es komisch, aber sie sind die erste Emigrantin aus Deutschland, die uns ihre Hilfe anbietet. Wir unsererseits haben Schwierigkeiten, genaue Informationen über die politische Szene in Deutschland zu bekommen. Zu diesem Zeitpunkt wollen wir uns nicht auf die Auskünfte unserer Botschaft verlassen. Sie wissen schon warum."

Ich nickte zustimmend.

Kapitel 5

Die Partei für das kommende Jahrhundert zu sein, die sich vor allem für die Interessen der Unternehmer einsetzen wolle, verkündete eines der Flugblätter, welches ich im Foyer des Bürgerforums gefunden hatte. Im Geiste der Zeit sollten in diesem Staat, der Mensch als Demokrat und der Unternehmer, eine Einheit bilden. Anders ausgedrückt: Jeder Demokrat, sofern er ein echter Demokrat war oder sich für einen solchen hielt, praktisch jeder Mann und jede Frau, sollten sich gleichzeitig auch als Unternehmer fühlen.

Zwei Tage später, nach der Unterredung mit Wenzel, lernte ich während der Versammlung dieser Gruppierung zwei Männer kennen, die man im Manager-Jargon als Jungunternehmer bezeichnen würde. Ich gab ihnen meine Visitenkarte mit meiner bayerischen Adresse, ohne davon auszugehen, jemals wieder von ihnen zu hören.

Schneller als ich vermutet hatte, meldete sich einer von beiden. Er hieß, wie die meisten Tschechen heißen, Honza. Er schrieb mir, dass er und sein Freund, der gleichfalls Mitglied dieser Partei sei, ein Haus in Nordböhmen gekauft und inzwischen fünfzehn Leder-Näherinnen eingestellt hätten, die Röcke, Jacken und Damenmäntel für den deutschen Markt produzieren würden. Der Brief endete mit den Worten: „Mit Sicherheit wird es für Sie kein Problem sein, die Ware auf dem deutschen Mark zu verkaufen. Die ersten zweihundert Jacken sind bereits fertig und können praktisch sofort geliefert werden."

Diese Feststellung überraschte mich so sehr, dass ich vor lauter Staunen erst gar nicht auf die Idee kam, Honza zu schreiben, dass diese Transaktion gar nicht möglich sei. Schließlich hatte ich vom Handel im Allgemeinen, schon gar im Speziellen keinerlei Ahnung. Stattdessen ging ich in einige Ledergeschäfte und versuchte mich, was Preise und Qualität betraf, fachkundig zu machen. Ich stellte fest, dass man Lederjacken für 200 DM, aber auch für 1000 DM kaufen konnte, je nach Geschäft, Qualität und Angebot. Natürlich kamen noch weitere Faktoren dazu, wie Herstellungsland, Ledersorte und so weiter. Nach ein paar Tagen schon, in denen ich mich wegen meines Berufes, zwei Kindern und dem Haushalt, nicht ausschließlich dem „Ledergeschäft" widmen konnte, gewann ich einen gewissen Überblick. Trotzdem hatte ich immer noch das Gefühl, ich müsse mich noch weiter mit dieser Thematik beschäftigen, bevor ich meine Meinung, von einem Gutachten konnte man ja nicht sprechen, mitteilen konnte. Ich war noch mitten im Recherchieren, als in der Nacht, gegen 2 Uhr in der Früh, an unserer Haustür Sturm geläutet wurde.

„Wir sind lieber doch gleich gekommen", stellte Honza fest, nachdem er mich mit dem obligatorischen und stets passenden „Ahoj" begrüßt hatte.
Ich starrte auf den großen Lieferwagen, der mit seiner Breite fast unsere ganze Straße blockierte.
„Wir wollten das Auto nicht irgendwo weiter weg abstellen, der Ware wegen", erläuterte Honza, während er sich mit seinen beiden Freunden tiefer in den Hausflur schob.

Eher mechanisch schloss ich hinter den drei langhaarigen und bärtigen Männern die Tür. So wie sie jetzt da standen, in ihrer Haar- und Barttracht, in den schäbigen, kaum noch blaue Farbe aufweisenden Jeans und grünen Parkas, hätte sich wohl manche, nicht nur deutsche Frau erschrocken, wenn sie ihnen selbst bei Tageslicht begegnet wären. Sicher hätte niemand in ihnen einen studierten Arzt und zwei Ingenieure erkannt. Dass sie so aussahen, hatte nicht nur etwas, sondern sehr viel mit jenem Sozialismus zu tun, in dem diese um die dreißig Jahre alten Männer groß geworden waren, und in dem die Möglichkeit, sich ordentliche Kleidung zu kaufen eine Frage des

Geldes und der meist fehlenden Angebote war. Über beides verfügte kaum jemand, der zumindest nicht in der Partei war.

Jetzt in der Nacht machte es keinen Sinn, um den eigentlichen Zweck ihrer Reise zu besprechen. Ich klappte ihnen das Doppelsofa im Wohnzimmer auf, brachte Bettwäsche und ging schlafen.

Als sie am anderen Morgen abfuhren, war ich vorübergehende Eigentümerin von 187 gleich aussehenden braunen Damen-Wildlederjacken, die fortan auf meinem Dachboden lagerten.

Kapitel 6

Bevor ich mich weiterhin mit der Lederbranche beschäftigte, fuhr ich nach Bonn. Ich wollte hier über meine Eindrücke der allgemeinen politischen Situation, und vor allem über die Liberalen Bewegungen in der Tschechoslowakei berichten.

Bereits unmittelbar nach der Rückkehr von meiner ersten Pragreise hatte ich mit einigen meiner sogenannten Parteifreunde Kontakt aufgenommen und hatte deren reservierte Haltung gegenüber meinen Ansichten deutlich herausgehört. Aus diesem Grunde bereitete ich mich auf dieses anstehende Gespräch besonders gewissenhaft vor. Ich war zu der festen Überzeugung gelangt, dass man vorerst alle Gruppierungen unterstützen müsse. Aus diesem Grunde trug ich Argumente für eine solche Gesamtförderung zusammen. Mit ihnen wollte ich Lutz letztendlich überzeugen.

„Nehmen Sie Platz, der Chef telefoniert noch", bat die Sekretärin. Sie deutete auf einen schwarzen Leder-Sessel, der vor dem Fenster stand.

„Nein danke, ich bin die ganze Strecke hierher gesessen", entgegnete ich und betrachtete die gegen das Fenster prasselnden Regentropfen. Ihre Lautstärke verhinderte, dass ich Lutz nicht kommen hörte: „Es tut mir leid, Sie wissen doch, wie es ist", pro forma nickte ich.

Als Lutz meine Zustimmung sah, fuhr er fort: „Man hat nichts als Ärger. Die Arbeit wächst einem buchstäblich über den Kopf."

Lutz unterbrach sich wieder und griff nach der kleinen silbernen Kaffeekanne. Um während des Einschenkens nicht aufstehen zu müssen, beugte er sich weit vor.

Bei dieser Bewegung lehnte sich fast sein ganzer Körper über die Tischplatte, er bedeckte sie fast. Mir fiel auf, wie klein und zierlich dieser Mann war, der schon hinter dem Schreibtisch etwas verloren wirkte. Es war gut, dass ich keine Schuhe mit Absätzen gewählt habe, dachte ich. Wie stets achtete ich darauf, nicht größer zu sein, als meine männlichen Gesprächspartner. Auch heute hielt ich mich an diese Regel, ohne meinen Gesprächspartner vorher gesehen zu haben. Ich weiß, dass ich als Frau mit 1,70 cm relativ groß bin. Die Wahrscheinlichkeit, dass meine männlichen Gesprächspartner nicht größer als ich sein würden, war stets präsent und nicht ungefährlich, denn ich wollte es ihnen ersparen, zu mir aufschauen zu müssen. So etwas verstimmt kleinere Männer grundsätzlich. Wenn man von diesen etwas wünscht, wie jetzt die Zustimmung zu meinen Ideen, sollte man jede Irritation im Vorfeld ausschließen.

„Also Sie waren in Prag", stellte Lutz fest, während er wieder in seinem Ledersessel zu versinken drohte.

„Ja, vor zwei Wochen ..."

Doch bevor ich fortfahren konnte, ergriff Lutz das Wort: „Eine wunderschöne Stadt. Ich habe leider noch nie die Möglichkeit gehabt, sie kennenzulernen. Das wird sich aber bald ändern, wir haben nämlich Partner in Prag. Stellen Sie sich vor, ausgerechnet wir, auf die großen Parteien in Deutschland wegen diesem ständigen Kampf mit der Fünfprozenthürde herunterblicken. Ausgerechnet uns ist es gelungen, bereits nach einigen Wochen der Demokratie eine eigene liberale Partei in diesem Staat zu gründen. Fabelhaft, einfach einmalig. Der Liberalismus wird seine Renaissance erleben, und ich habe dazu wesentlich beigetragen."

Lutz´s weitere Ausführungen wurden durch das Klingeln des Telefons unterbrochen.

„Es sind genau 20 Minuten vorbei", verkündete seine Sekretärin.

„Es tut mir leid, dringende Geschäfte. Sie verstehen, es war schön mit Ihnen gesprochen zu haben. Wir sehen uns sicher wieder einmal." Lutz sprang auf und reichte mir über den Schreibtisch hinweg die Hand.

Fünf Stunden Zugfahrt von Bonn nach München, dachte ich ärgerlich. Ich hatte nichts erreicht, nicht einmal die Chance bekommen, diesem Mann meine Einschätzung der Lage darzulegen. Gerade jetzt, wo sich die einzelnen Gruppierungen zu formieren begannen, wäre das so wichtig gewesen. Wann sonst, wenn nicht jetzt könnte man auf die weitere Entwicklung Einfluss nehmen?

Allmählich verstand ich, warum Lutz kein Interesse an meinen Ausführungen hatte. Er hatte nämlich einen Partner gefunden und sich auf diesen festgelegt.
Jede Äußerung von mir würde seine Entscheidung in Frage stellen. Ich glaubte aber zu wissen, dass seine Entscheidung falsch war.

Zu diesem Zeitpunkt war die politische Lage in der Tschechoslowakei noch ungeklärt. Die politischen Parteien, die sich jetzt neu zu bilden begannen, konnten, abgesehen von den Sozialdemokraten, auf keine Tradition zurückgreifen.
Aber auch die der Sozialdemokraten lag ein halbes Jahrhundert zurück. Zwar hatten die neuen Parteien zum Teil bereits ein Programm, doch die einzelnen Programme unterschieden sich nur geringfügig voneinander. Nach so vielen Jahren unter der Vorherrschaft einer nicht demokratischen Partei vereinte alle der Wunsch nach Freiheit und Unabhängigkeit. Sich jetzt bereits auf eine Gruppierung festzulegen, war verfrüht.
Man musste versuchen, die einzelnen Parteien und Interessengruppen an einen Tisch zu bringen, um ihnen klar zu machen, dass sie sich vereinigen müssten, denn sonst würden sie alle untergehen.

Als ich spät am Abend in dem verschneiten Münchner Hauptbahnhof ausstieg, wusste ich, was ich in der nächsten Zeit zu tun hatte.

Kapitel 7

Dieser Vorsatz und die Neugierde, was in den letzten beiden Wochen in Prag geschehen war, führten mich, ohne Rücksicht auf mein „Ledergeschäft", nach Prag.

Noch am selben Nachmittag traf ich mich mit Frau K., der Vorsitzenden des ersten nicht-sozialistischen Frauenvereins, in einem Café. Auf einem Platz, der wie die meisten tschechischen Plätze mindestens unter zwei verschiedenen Namen bekannt war. Einen offiziellen, der ihm durch die gerade amtierende Regierung verliehen wurde, und einen, der im Volksmund gängig war. Und der natürlich der Ältere war, den nur die Prager oder besonders eingeweihte Auswärtige kannten. Sie nannten diesen Platz: Kulatak (den Runden), so als wären nicht, von Ausnahmen abgesehen, alle Plätze kreisförmig gebaut.

Aber nur dieser wurde von den Pragern so genannt. Unter den Kommunisten hieß er „Platz der Großen Oktoberrevolution". Um eine Verbindung zu diesem Namen herzustellen, stand mitten auf dem Platz eine überdimensionale Lenin-Figur aus Marmor. Die in den umliegenden Gebäuden untergebrachten Einrichtungen trugen Namen, die einen Bezug zur Sowjetunion hatten. So hießen das Cafe „Kijev" und das Kino „Riga".

Bereits im Januar 1990 wurde diese ungeliebte Lenin-Figur entfernt, und der Platz hieß, wie vor 1948 „Siegesplatz". Nun trug er seit zwei Wochen den alten Namen, doch im Volksmund blieb es der Kulatak. Wahrscheinlich glaubten die Prager nicht an Siege.

Ich interessierte mich nicht nur für die politischen Frauen-Gruppierungen. Was die Frauenbewegung allgemein betraf, wusste ich zwar einiges, und hatte auch schon ein wenig geforscht und geschrieben. Mit Frauenvereinen allerdings hatte ich bewusst keinen Kontakt aufgenommen. Ich hatte einige aktive Frauen kennen gelernt, meistens Hausfrauen, die irgendwo in ihren exklusiven Villen in Oberbayern von Emanzipation träumten. In meinen Augen waren die Vereine eigentlich überflüssig. Trotzdem, und vielleicht gerade deshalb, machte ich mir eine Vorstellung davon, wie Frau K. aussehen könnte. Dieses Bild aber war trügerisch.

Eine Frau sprach mich nämlich an, die aussah, wie die Gattin eines Industriellen oder mindestens eines Großhändlers in Sachen „Fleischwaren en groß" aus den Zwanzigern, welche man oft zu Unrecht „die Goldenen" zu nennen pflegt.

An dieser mittelgroßen, sehr üppigen Dame, die wartend im Café an einem kleinen Tisch saß, fiel mir als erstes der Hut auf. Wer trägt den schon heutzutage einen Hut, war mein erster Gedanke. Der zweite: Warum hat sie sich um Gottes Willen eine gelbe Rose ins Knopfloch gesteckt. Für weitere Gedanken hatte Ich keine Zeit, denn Frau K. begann lebhaft von ihren Zukunftsplänen zu berichten.

Nach Jahrzehnten der Unterdrückung der Katholischen Kirche wollte Frau K. endlich wieder katholische Schulen ins Leben rufen. Eine katholische Zeitschrift herausgeben, in der vor allem die christlichen Werte, und deren ganz besondere Bedeutung für die Familie propagiert werden sollten.

Ihr kleiner schwarzer Hut war es, der keineswegs zu diesen Ansichten passte. Er sah für eine Dame, welche die Moral des 21. Jahrhunderts zu predigen beabsichtigte, ein wenig zu kess aus. Die knallroten Lippen und der betont üppige Goldschmuck wirkten nur noch als kleine Beigaben des auffälligen Kopfschmuckes.

Ich dachte spontan an die Mühen, die man in Bayern unternahm, um die sogenannten Bekenntnisschulen abzuschaffen. Toleranz wäre so wichtig. Gerade jetzt nach den langen Jahren der Unfreiheit müsste die Jugend zum gegenseitigen Verstehen erzogen werden. Man darf trotzdem nicht ins gegenteilige Extrem fallen. Was ich während der Begegnung wirklich dachte, behielt ich klugerweise für mich. Vor mir selbst entschuldigte ich diese innere Feigheit mit der Begründung, dass ich die Frau ja überhaupt nicht kenne. Den Gedanken, ob es jemals möglich sein würde, aus alten Fehlern zu lernen, verneinte ich für mich. Stattdessen versprach ich Frau K. freundlich, mit ihr im engeren Kontakt zu bleiben.

Eine Stunde später eilte ich ins Bürgerforum. Von Wenzel hoffte ich zu erfahren, welches diejenige Partei sei, die mit der deutschen Schwesterpartei unterdessen Kontakte aufgenommen hatte.

Wenzel war allerdings nicht da. Man sagte mir, er hätte in den kommenden beiden Tagen Nachtschicht und sei erst in der Woche danach zu erreichen. Mir blieb nichts anders übrig, als selbst den Namen und die Adresse der Partei herauszufinden.

Ohnehin wollte ich zumindest mit den sieben Parteien Kontakt aufnehmen, deren Namen ich mir bereits notiert hatte. Ich nahm mir vor, baldmöglichst mit meinen Recherchen bei einer von diesen sieben Parteien zu beginnen. Bevor ich das Občanské-Forum verließ, blieb ich im Foyer vor den großen Wandtafeln stehen. Es standen noch mehr Menschen vor ihnen, als bei meinem ersten Besuch. Sie studierten aufmerksam die unzähligen Flugblätter und Bekanntmachungen. Für einen kurzen Moment drängte sich mir die Erinnerung an die Papierknappheit während des Sozialismus auf, an eine Zeit, in der es wegen Papiermangels nicht einmal ausreichendes Toilettenpapier gab. Ich frage mich, woher jetzt wohl das ganze Papier gekommen war.

„Ahoj", grüßte eine Stimme hinter mir. Erst jetzt wurde mir bewusst, dass mir jemand auf die Schulter geklopft hatte. Ich drehte mich um, und als ich Mirek sah, bekam ich sofort ein schlechtes Gewisse. Ich hatte mich bei ihm weder bei meinem ersten Aufenthalt in Prag nicht gemeldet und auch bis jetzt noch nicht.

„Wusste gar nicht, dass du da bist", sagte Mirek versöhnlich und lächelte, wobei er seinen linken Mundwinkel ein wenig nach unten zog. Mir fiel ein, dass er schon als Kind so gelächelt hatte. Augenblicklich versuchte ich eine Entschuldigung zu konstruieren. Alle Gründe, die mir in diesem Moment einfielen wie: „Ich hatte wirklich keine Zeit!" – „Weißt du, es ist so aufregend für mich, hier zu sein, dass ich dich ganz vergessen hatte" – oder „Wenn ich hier bin, gibt es so viele Termine, dass ich sowieso nicht weiß, wie ich es schaffen soll", erschienen mir schlicht als verlogen.

„Aber heute Abend, da kommst du doch." Mirek sprach dies aus, als wäre es für mich eine Selbstverständlichkeit, zu wissen: Wohin und Wann.

Ich wusste es und überlegte, ob er deshalb so schnell verschwand, um von mir keine abschlägige Antwort zu erhalten, oder ob er tatsächlich etwas vorhatte. Bei ihm wusste man das nie.
Weiß man überhaupt bei Männern, und insbesondere den tschechischen, ob sie von dem, was sie sagen, auch überzeugt sind? Nein!

Ich hatte absolut keine Lust, in irgendeine Kneipe zu gehen, und „Zum heiligen Wenzel" erst recht nicht. Als Mädchen hatte mich mein Vater täglich mit dem Bierkrug in der Hand über die Straße dorthin geschickt um Bier zu holen. Und das ging jahrelang so. Ich empfand es stets als furchtbar.
Besonders unangenehm empfand ich es ab meinem vierzehnten Geburtstag. Die ein wenig älteren, mir alle bekannten Jungs, standen schon früh an der Theke. Sie lästerten, wie: „Zeig mal deine Beine" – „Langsam kriegst du auch schon Form" – oder „Heute nicht einmal so übel."

Niemals fand ich den Mut, auf diese kränkenden Bemerkungen entsprechend zu antworten. Gerne hätte ich es dem Vater erzählt, ihn gebeten, mich nicht mehr in die Kneipe zu schicken. Und leider fand ich keinen Mut, ihn darum zu bitten.

Wahrscheinlich hätte er mich auch nicht verstanden, weil er es nie versucht hatte. Warum auch? Sicher war dieses lästige Bierholen keinesfalls Ursache, mich von Prag abzusetzen! Eine so wichtige Entscheidung, meine Heimat zu verlassen, hätte ich nie an einer solchen Lappalie festgemacht.

Abrupt hielt ich inne. Jetzt stand ich hier in diesem um die Jahrhundertwende gebauten Haus, mitten in Prag, in dem ich geboren und aufgewachsen bin. Statt sich aber mit der gegenwärtigen politischen Situation in diesem Staat und dieser Stadt zu befassen, dachte ich an das Bierholen „Beim heiligen Wenzel". Die Angst vor meinem Vater, die sich irgendwo tief in meinem Körper verbarg, war jetzt plötzlich wieder präsent.

In der Kneipe war es genauso, wie ich es in Erinnerung hatte. Im selben Moment, in dem ich die Kneipe betrat, hörte man aus mehreren Ecken Pfeifen.

Keine lauten Pfeiftöne, doch, weil sie quasi im Chor zu hören waren, klang es in meinen Ohren fast schon wie ein Pfeifkonzert. Ich hatte mir fest vorgenommen, nicht rot zu werden, doch ich spürte wie sich meine Wangen in Sekundenschnelle verfärbten. Noch bevor ich mich noch einmal umgesehen hatte, kam Mirek auf mich zu: „Ich dachte, du kommst nicht mehr."

„Wo hast du denn dieses Prachtstück her?" Milas Stimme hörte man im ganzen Ausschank.

„Das ist Jana. Eigentlich muss sie jeder von euch kennen." Mirek versuchte möglichst wenig von seiner Freude zu zeigen.

„Schöne Frauen kennen wir immer. Besonders gerne, wenn sie noch nicht vergeben sind", meinte Franta und stellte sich seinerseits vor.

„Weiß du, das ist der Edelkommunist unter uns. Früher hat er uns erdulden müssen, jetzt sind wir dran", erklärte mir Mirek.

Ich betrachtete erstaunt Franta.

„Stimmt schon, und ich stehe dazu", stellte er fest, als er meinen Blick spürte.

Mirek lachte: „Also dann können wir mit der Diskussion anfangen, Sie ist nämlich Emigrantin."

„Wirklich", mischte sich Pavel ein. Als er mein Nicken sah, fuhr er fort: „Dann muss für Sie hier alles aufregend sein."

Ich nickte noch einmal und Pavel sprach weiter: „Solche Leute wie sie brauchen wir jetzt hier dringend. Sie müssen uns beraten." Er begann, folgenden Fall zu schildern: „Im Oktober 1989 wurde Ingenieur Malý, der in der Charta 77 tätig gewesen war, gerichtlich vorgeladen. Obwohl von staatlicher Seite immer versucht worden ist, die Prozesse möglichst geheim zu halten, erfuhren eine Menge Leute davon. Natürlich wollten sie an der Verhandlung teilnehmen. Zu diesem Zeitpunkt war die politische Situation sehr angespannt. Alle waren aufgedreht.

Als der Vorsitzende des Senats die Menschenmenge sah, wurde ihm die Situation unheimlich. Er bekam Angst, jemand würde das von vornherein festgelegte Urteil schon im Gerichtssaal anfechten. Die einzige Möglichkeit, die Zuhörer aus dem Saal zu entfernen, war, von allen Anwesenden die Vorlage ihrer Ausweise zu verlangen. Als sich die meisten Anwesenden weigerten, ließ er den mit an die hundert Personen mehr als überfüllten Saal gewaltsam räumen. Ingenieur Malý wurde schuldig gesprochen und in eine psychiatrische Klinik eingewiesen.

Im Gerichtsprotokoll steht natürlich nichts von der Zwangsräumung des Saales. Das ist jetzt unsere Chance, den Prozess noch einmal aufrollen zu lassen. Eine Zwangsräumung widerspricht der Verfassung, auch der sozialistischen."

Jetzt fiel die Stille auf, die in der Bier-Runde herrschte.

Ich wunderte mich über die Sachlichkeit und Präzision, mit der Pavel alles, ohne sich nur ein einziges Mal zu unterbrechen, vorgetragen hatte, und wollte ihn so vieles fragen. Bevor ich mir die passende Frage aus dem Deutschen ins Tschechische übersetzte, ergriff Mila das Wort: „Auch ich bin dabei gewesen. Alle waren wir da, versteht sich, außer natürlich unser Edelkommunist."

Franta spürte die auf ihn gerichteten Blicke. Er würde etwas sagen müssen, und es war ihm klar, egal, was er sagen wird, man würde ihm nicht glauben, oder nicht so ganz:

„Ich konnte nicht hingehen, ich hätte es nicht begründen können."

„Wir auch nicht und sind trotzdem hingegangen – seinetwegen", Mireks Stimme klang ärgerlich.

„Bei euren Jobs war es auch möglich, so zwischendurch die Arbeit zu verlassen." Franta konnte nicht weiter sprechen, fünf Männer unterbrachen ihn durch lautes Lachen.

„Wir sind der Partei dankbar. Sie verschaffte uns diese Jobs, die uns Freiheit gaben, zu solchen Verhandlungen zu gehen." Aus Pavels Stimme war die Ironie deutlich herauszuhören.

Er wurde von Mila unterbrochen: „Wir werden noch trauern um diese Partei. Wir werden unseren Posten nachweinen. Sie haben aus den Händen eines Intellektuellen wie mir, die Hände eines Schweißers gemacht. Schau sie dir nur an, meine Hände." Mila stellte den Bierkrug, den er in der Hand hielt ab und streckte Franta die Hände ganz nah vor dessen Gesicht. Franta machte unbewusst einen Schritt nach hinten. Sein Kopf stieß gegen die Wand.

„Gut so", stellte Mila mit Genugtuung fest und fuhr fort: „Diese Hände sind es, die mich nicht vergessen lassen, was ihr mir angetan habt. Sie werden mich antreiben, gegen euch zu kämpfen."

Ich spürte, dass die Wut das einzige Gefühl war, welches dieser Mann im Augenblick empfand. Wie eine ansteckende Krankheit bemächtigte sie sich seiner ganzen Sinne und auch seines Körpers, der augenblicklich zu zittern begann. Mila musste aufhören zu sprechen. Er nahm seinen Bierkrug und gönnte sich einen kräftigen Schluck.

„Ahoj", rief eine junge blonde Frau, die in der Begleitung eines älteren Mannes den Speiseraum verließ, der sich hinter der Theke befand.

„Ahoj", entgegnete Mila und erklärte seinen Bierkumpanen: „Das ist Klara, mit ihr und ihrem Freund Manfred habe ich die Partei gegründet."

Ich bemerkte, wie ruhig Mila jetzt wurde. Das Getränk schien in Sekundenschnelle gewirkt zu haben. Im nächsten Moment fielen mir Lutz und seine Erläuterung über die Gründung einer liberalen Partei ein. Nein, diese beiden und dieser Mila, das kann doch nicht wahr sein. Ich konnte es nicht begründen, aber dieser Zufall war mir unheimlich. Trotzdem oder vielleicht gerade deshalb nahm ich mir vor, Mila nach dieser Partei zu fragen. Heute aber wollte ich nicht noch mehr darin herumzustöbern.

„Ich mache jetzt eine Zeitung." Wir standen an der Straßenecke vor der Kneipe in dieser kühlen Januarnacht.

Ich sah ihn erstaunt an: „Du bist doch Musiker."

„Wir brauchen aber eine Zeitung."

„Na und? Das verstehe ich nicht."

„In diesem Staat musste doch schon immer jeder alles können. Ich bin der einzige, der Zeit hat, also mache ich die Zeitung, für die Partei natürlich."

„Du bist auch in einer Partei?"

„Natürlich, das heißt ich bin in einer Partei, die sich noch nicht Partei nennen darf."

Nach der langen, zum Teil verwirrenden Diskussion in der Kneipe fand ich diese Unterhaltung immer unverständlicher. Ich fragte mich, ob dies an meinem inzwischen schlechten Tschechisch lag, oder ob es mit der tschechischen Mentalität zu tun hatte. War mir womöglich die Sensibilität für diese Sprache in den langen Jahren, die ich in Deutschland verbracht hatte, verloren gegangen? Ich wusste keine genaue Antwort und vielleicht wollte ich auch keine finden.

Mirek bemerkte mein Schweigen und erklärte: „Also das ist so, im Augenblick gibt es das Bürgerforum, das ist quasi die größte Partei. Daneben haben sich bereits einige kleine Parteien gegründet. Es gibt aber Menschen wie mich, von denen keiner dieser Partei angehören möchten. Deswegen haben wir uns zu einem quasi Verein zusammengeschlossen und nennen uns „Tschecho-Slowakischer

Kongress". Ich mache die Zeitung. Du könntest auch etwas schreiben, zum Beispiel über das Demokratieverständnis in Deutschland. Am besten kommst du zu mir nach Hause und wir besprechen es. Morgen Abend, Ahoj."

Wir waren vor dem Haus angelangt, in dem ich während meines Aufenthaltes in Prag wohnte. Mirek ging einfach weiter.

Zum zweiten Mal will er mich zu etwas überreden, was ich eigentlich nicht machen will, sagte ich mir ärgerlich und schloss die Haustür auf.

Kapitel 8

Obwohl die Wiederaufnahme der Verhandlung in Sachen „Dr. Malý" für 9.00 Uhr angesetzt worden war, fanden – wegen Platzmangel – die Menschen auf der Zuschauertribüne bereits eine knappe halbe Stunde vorher nur noch Stehplätze.

„Man hätte sich denken können, dass viele kommen würden", stellte ich fest als ich hinter Pavel den Raum betrat.

„Hat man sich! Deswegen haben die Herren für die Verhandlung nicht den großen, sondern nur den kleinen Saal genommen. Es ist wie früher und es hat alles Methode."

„Traurig, wenn es dieselbe Methode wie früher ist."

„Kann auch nicht anders sein, die Akteure sind die gleichen geblieben."

Franta bemerkte ich als ersten. Er war in der dritten Reihe aufgestanden und zeigte auf die neben ihm frei gehaltenen Plätze. Ich zog an Pavels Ärmel: „Schau an, dass ausgerechnet er hier ist."

„Aber natürlich, jetzt gerade."

*

Zwanzig Minuten nach 9.00 Uhr betrat die Staatsanwältin, eine dickere große Frau, den Verhandlungssaal. Sie nahm auf einem alten Holzstuhl Platz, dann legte sie ihre Robe über den neben ihr stehenden Stuhl: „Der Fall Malý ist dran."

Ein kleinerer schmächtiger Mann im grauen Anzug, dem anzusehen war, dass er aus einer lange zurückliegenden sozialistischen Produktion war, stand auf.

„Sie nicht", rief in einem Befehlston die Staatsanwältin und zeigte mit einem spitzen Stift auf die Frau, die neben Malý saß: „Sie sind die Ärztin?"

„Ja!"

„Also, Sie erzählen uns jetzt wie sich der Zustand des Patienten in den letzten beiden Monaten entwickelt hat."

„Die Behandlung hat angeschlagen und ich denke, wir können den Patienten wieder als genesen entlassen."

Die Staatsanwältin lehnte sich in ihrem Bürostuhl soweit es ging zurück: „Ich habe noch nie gehört, dass jemand, der in die Psychiatrie eingeliefert wurde, innerhalb von ein paar Monaten wieder gesund wurde."

„Hier haben wir es aber mit einem solchen Fall zu tun." Die Ärztin fühlte sich in ihrem Berufsethos angegriffen. Ihre Stimme klang nicht nur ärgerlich, mir fiel auch ihre Lautstärke auf und ich fragte mich, woher diese zierliche Frau ihre Stimme nahm.

„Und Sie denken, dies hat nichts mit der sich veränderten politischen Situation zu tun?"

„Nein"

Malý sprang auf: „Das ist eine unzulässige Suggestivfrage."

„Setzen! Sie haben nichts zu sagen." Es war die Stimme der Staatsanwältin, die den Angeklagten Malý veranlasste, das Gegenteil zu tun. Er blieb stehen und sprach weiter: „Mein ganzes Leben habe ich in diesem Staat unter den Kommunisten alles aushalten müssen. Jetzt sind wir aber ein freies Land und Sie sind diejenige, die hier nichts mehr zu sagen hat."

Jetzt stand auch die Staatsanwältin. Da sie sich auf einem kleinen Podest befand, wirkte ihr breiter großer Körper fast schon überdimensional: „Mit solchen Individuen wie mit Ihnen werde ich auch jetzt fertig. Setzen, oder ich lasse Sie hinausführen."

Ich wunderte mich warum Malý der Staatsanwältin gehorchte. Es war vermutlich ihre energische Stimme, die ihn quasi wie eine mechanische Puppe zum Hinsetzen zwang.

Die weiterhin stehende Staatsanwältin änderte ihre Tonlage. Sie klang jetzt fast schon zu freundlich: „Also, Sie behaupten, die Therapie erfolgreich abgeschlossen zu haben. Ist das Ihre persönliche Meinung,

Frau Doktor, oder wird diese Entscheidung auch von ihren Kollegen geteilt?"

„Üblicherweise ist jeder von uns für bestimmte Patienten zuständig. Herrn Doktor Malý habe ich betreut."

„Haben Sie ihn schon vorher gekannt?"

„Nein!"

„Ich dachte nur, rein vom Typ her, hätten Sie doch zusammen gepasst." Die Staatsanwältin lachte über ihre Bemerkung, die sie auf ihre gute Beobachtungsgabe zurückführte.

„Das ist eine Unverschämtheit, aber von so jemanden wie ..." Malý, der inzwischen aufgeregt aufgesprungen war, hielt inne.

„Sagen Sie es doch, Sie werden sich doch nicht trauen", schrie ihm die Staatsanwältin entgegen.

Es muss doch einen Richter geben, wo ist der Richter?, fragte ich mich, die Gerichtsverhandlungen nur aus den Westernfilmen kannte. Im selben Moment klopfte jemand heftig auf den Tisch und rief: „Ruhe, Ruhe! Ich vertage die Verhandlung bis in vier Wochen."

„Es tut mir leid, das habe ich nicht gewusst, ehrlich", sagte Franta zu Pavel, der neben ihm saß.

„Ist schon gut, Kumpel, es ist nie zu spät um die eigenen Leute kennen zu lernen."

*

Die Wiederbegegnung mit dem Mann, den man allgemein als die Jugendliebe bezeichnet, hatte ich mir unzählige Male vorgestellt. In Gedanken stellte ich mir vor, wie er aussieht. Ich ging die einzelnen Schritte der Begegnung durch, spielte diese oder jene Variante meiner Antwort durch. Wie einfach war das Durchdenken einer Szene, wenn man wusste, sie würde nie Realität werden. Jetzt, wo ich vor dem Spiegel stand, meine langen dunkelblonden Haare durchkämmte, war mir klar, dass Mireks Einladung, mit mir die Zeitung zu besprechen, nur ein Vorwand war, damit ich seinen Bruder traf.

Mirek öffnete mir die Tür und führte mich in das kleine frühere Zimmer, das er schon als Junge bewohnt hatte. Während wir es betraten, fragte ich mich, was es war, wovon sich die beiden Brüder nicht trennen konnten. Sie hatten kaum fünf Jahre außerhalb dieser Wohnung verbracht, und sind nach ihren gescheiterten Ehen wieder hierher zurückgekehrt.

Das Zimmer war so klein, weil es ursprünglich für die Dienstmädchen vorgesehen war. Doch seit vierzig Jahren gab es in diesen Häusern keine Dienstmädchen mehr. Der Wohnraum war knapp und so wurden diese Zimmer stets von den Jüngsten in der Familie bewohnt.

„Die erste Nummer der Zeitung ist schon fast fertig." Von einem der hier zahllosen Stapel reichte mir Mirek einige Papierblätter und erklärte mir, dass sie die Zeitung vorerst aus den Beiträgen der Parteimitglieder und natürlich durch Annoncen finanzieren wollten. Ich begann den ersten Leitartikel dieses Blattes zu lesen:

„Auch wenn in der letzten Zeit eine Reihe von Zeitungen erscheint, wir schrecken vor dieser Konkurrenz nicht zurück. Wir wollen anders sein, als sie. Was können wir Ihnen versprechen? Wir werden ein liberal-konservatives Blatt sein, das ein weiteres Experimentieren mit dem Sozialismus – auch dem mit dem menschlichen Antlitz – ablehnt. Wir sprechen uns gegen einen dritten Weg nach Europa aus, für einen spezifisch tschechoslowakischen. Wir wollen Sie seriös informieren, und ab der nächsten Nummer planen wir auch einen Fortsetzungsroman zu veröffentlichen."

„Ahoj", sagte eine Stimme, ich unterbrach das Lesen und fragte mich, ob der Mann größer oder dicker sei, als ich ihn in Erinnerung hatte. „So sehen wir uns also nach Jahren wieder."

Ich zuckte zusammen: Es wird kein Fortsetzungsroman geben. Es war gut, dass er mich nicht heiraten wollte. War das der Grund, weswegen ich das Land verließ, oder doch das Bierholen für meinen Vater? Oder war es beides – oder war da nicht doch noch mehr?

Kapitel 9

Als ich am folgenden Morgen aufwachte, fühlte ich mich nicht wohl. Ich hatte das Gefühl, die ganze Nacht kaum geschlafen zu haben. Alle Knochen schmerzten. Ich überlegte, ob dies an der gestrigen Begegnung mit meiner ersten Liebe lag, oder vielmehr an der, die mir bevorstand. Die gestrige war ein Desaster, zwar ein heilsames, aber ein schweres. Die heutige würde es wohl auch sein, ich sollte nämlich Honza treffen. Die Zahl der Lederjacken, einhundertsiebenundachtzig, wiederholte ich mehrmals hintereinander, als wäre es eine magische Zahl, die es galt, auswendig zu lernen. Mir war schon anfangs klar, dass ich diese Jacken nie würde verkaufen können. Nicht nur weil ich absolut keine Ahnung von diesem Geschäft hatte, was natürlich zusätzlich und erschwerend hinzukam. Nicht weil es keine Nachfrage nach Lederjacken gab, die war durchaus vorhanden. Das wusste selbst ein Kleidermuffel wie ich. Aber sie waren in Bayern unverkäuflich, weil das Verhältnis Qualität, Schnitt und Preis, den Honza für jede einzelne Jacke haben wollte, nicht übereinstimmten.

„Partei des kommenden Jahrhunderts", stand in Großbuchstaben grün auf gelb auf einem großen Transparent, das an der Hauswand des mittelalterlichen Hauses mitten in der Altstadt hing. Ich las es, schloss für einen Augenblick die Augen und dachte: Da muss ein Denkfehler sein, es müsste Jahrtausend heißen. Das kommende Jahrhundert wird das kommende Jahrtausend sein. Ein verhängnisvoller Fehler, den sie nicht hätten machen dürfen.

Kurze Zeit später betrat ich den Hauseingang, ging die wenigen Schritte durch ihn hindurch und kam in einem breiten geschlossenen viereckigen Hof heraus, in dessen Mitte ein kleiner eiserner Brunnen stand. Wie in den meisten alten Häusern Prags, waren die Wohnungen hinter den sogenannten Pawlatschen versteckt, den balkonartigen eisern verzierten Konstruktionen, die vor den eigentlichen Hauswänden standen. Am Ende des Hauseingangs der, dunkel wie er war, nie diese Schönheit des Hofes vermuten ließ, gingen links und rechts je eine breite steinerne Treppe hoch. Ich sah mich suchend um.

Ein Hinweis, wo die „Partei des kommenden Jahrhunderts" tagte, fehlte. Ich blieb ganz still stehen und hoffte, anhand der Lautstärke der Stimmen herauszufinden, wo die Sitzung stattfand. Es war aber nichts zu hören und so ging ich zu den im Hausflur angebrachten Briefkästen. In dem Flur war es aber zu dunkel, um die Namensschilder lesen zu können. Ich fand den Schalter, drehte an ihm, er gab ein lautes „Klick" von sich, das fast schon schmerzhaft klang, aber das Licht ging nicht an.

Es sollte nicht sein, sagte ich mir.

In diesem Augenblick öffnete Honza mühevoll die schwere Haustür. In der Hand hielt er ein großes Paket. In der Dämmerung erkannte er mich:

„Ahoj, das ist fein, dass wir uns hier treffen. Ich muss es nicht hoch schleppen."

Er öffnete die Tür jetzt ganz und trat wieder vors Haus. Ich folgte ihm.

„Ich habe ein tolles Bild für dich, von Kolar. Du kennst Kolar, nicht?"

Ich nickte und Honza fuhr fort: „Wir haben eine ganze Kollektion Bilder mitgebracht. Am besten nimmst du alle Bilder gleich nach Deutschland mit."

Mir fiel die Zahl einhundertsiebenundachtzig ein: „Nein, das kann ich nicht."

„Es ist doch kein Problem. Die an der Grenze haben sie uns auch nicht kontrolliert."

Die Jacken auf dem Dachboden vor Augen, entschloss ich mich stur zu bleiben, auch wenn ich dadurch meinen Kontakt zu dieser Gruppierung verlieren sollte.

Es war knapp über null Grad. Wir beide standen mitten auf der Straße und argumentierten hin und her. Ich spürte, wie mir langsam, trotz der warmen Stiefel, die Kälte die Beine hoch kroch. Ich überlegte, wie ich mich aus dieser Situation befreien könnte. Immer mehr gewann ich das Gefühl, es würde mir nicht gelingen. Für jeden meiner Einwände hatte Honza eine passende Antwort parat.

„Ahoj", rief mir Franta schon aus der Ferne entgegen. Er wäre an uns vorbeigegangen, wenn ich ihn nicht angehalten hätte. Ich stellte die beiden Männer mit Vornamen vor und dann fuhr ich fort: „Honza will, dass ich dieses Bild und weitere mit über die Grenze nehme." Noch bevor ich weiter fortfahren konnte ergriff Franta das Wort: „Würde ich auch nicht machen. Auf keinen Fall, und nicht nur der Grenze wegen."

Honza sah den um einen ganzen Kopf größeren Franta ärgerlich an: „Warum denn das?"

„Ich könnte jetzt sagen, dass die Ausfuhr von Kunstgegenständen verboten ist. Sie denken, das sei mein einziges Argument?" Franta unterbrach sich kurz, ohne aber auf eine Antwort zu warten, fuhr er fort: „Wer sagt aber, dass diese Kunstwerke keine Kopien sind?"

„Das ist eine Frechheit, was Sie da behaupten. Es sind alles Werke renommierter tschechischer Künstler."

„Und die kann man nicht fälschen?" Franta wartete nicht auf eine Antwort. Er nahm meine Hand: „Komm, wir gehen".

Wir setzten uns auf die kleinen weißen Plastikstühle. Ich nippte an meiner heißen Schokolade und dachte darüber nach, warum es das Café früher nicht gab, als ich noch in Prag gelebt hatte. Oder hatte ich es nur nicht gekannt? Weil es in einer der kleinen Seitenstraßen nahe des Altstädter Rings lag, die so zahllos sind, dass ich mir ihre

Namen nie hätte merken können? Wie viele neue Cafés und Restaurants sind in den letzten Monaten hier entstanden? Was, wenn diese ganzen Lokale schon vor ein paar Jahren existiert hätten? Wie viele zusätzliche Spitzel hätte man gebraucht, damit sie all die Menschen und deren Gespräche überwachen. Abgesehen von der Technik, auch wenn man sie theoretisch gehabt hätte, sie würden für das Abhorchen in all diesen Lokalen nie ausgereicht haben.

Franta riss mich aus diesen Überlegungen: „Mein Vater war von Beruf Schmied in einem kleinen Dorf. Wir wohnten in einem sehr kleinen Haus. Ich bin in ärmlichen Verhältnissen groß geworden. Nach dem Krieg bin ich gleich mit sechzehn Jahren in die kommunistische Partei eingetreten, im Jahre 1945." Franta machte eine Pause und begann den schwarzen Kaffee in der Tasse umzurühren. Ich beobachtete wie der kleine silberne Löffel in der Tasse langsam, sehr langsam bewegt wurde.

Ich versuchte mir vorzustellen, wie dieses Jahr 1945 in meiner Familie ausgesehen hat: Das Schloss meiner Großeltern konnte ich deutlich vor mir sehen, die vielen Arbeiter, die mit der Hopfenernte beschäftigt waren. Ob einer von ihnen auch Kommunist gewesen war? Sicher, die Kommunisten gingen doch von Dorf zu Dorf und versprachen den Armen, dass, wenn sie in ihre Partei eintreten würden, sie das Land bekämen … .auch das meines Großvaters. Viele haben sich durch die schönen Reden überzeugen lassen, glaubten, bald schon selbst reiche Bauern zu sein. Ja sie bekamen das Land, aber schon zwei Jahre später wurde es auch ihnen genommen.

„Wie gesagt 1945 war das, ich glaubte daran."

Ich nickte zustimmend und Franta fuhr fort: „Wenn ich nicht in die Partei eingetreten wäre, hätte ich nie studieren dürfen. Ich verdanke der Partei viel und ich möchte, dass Sie das wissen und es verstehen. Ohne die Partei hätten auch meine Söhne nicht studieren können."

Hätte er mir das alles erzählt, wenn ich nicht eine Emigrantin wäre, eine, die quasi von der anderen Seite kommt? Wahrscheinlich nicht.

Ich denke an meinen Großvater, der nicht nur fließend russisch sprach, sondern auch mit den sozialistischen Ideen sympathisierte. Nachdem er im Sommer 1945 auf das durch die SS verlassene Schloss wieder zurückkam, hatte er einen Lieblingsspruch: „Daraus mache ich eine Musterkolchose. Wenn die Kommunisten sehen, dass ich jeder Arbeiterfamilie ein Bad und Heizung eingebaut habe, lassen sie mich sicher hier." Haben sie aber nicht. 1948 musste er das Schloss verlassen, dass seitdem leer stand, niemand konnte es gebrauchen. „Wollen Sie noch mit mir Kontakt haben, nachdem Sie es wissen?" Wieder nickte ich, denn ich wollte nicht so handeln wie die Kommunisten es getan hatten, die es ablehnten, sich mit meiner Familie überhaupt zu unterhalten. Das wollte ich auf keinen Fall. Außerdem war ich neugierig und vielleicht würde ich von diesem Mann noch Interessantes erfahren können?

Kapitel 10

Trotz oder gerade wegen seines Ruhestandes war Manfred ständig in Eile. Er gehörte zu denjenigen Männern, die ihre Bedeutung an der Anzahl ihrer Termine im Kalender messen. Jetzt, wo er seinen offiziellen Job nicht mehr hatte, war die Terminplanung für Manfred daher wichtiger denn je. In seinen Kalender hatte er sich für diesen Mittwoch einige Termine in Bonn notiert. Er wollte einige sehr wichtige frühere Kollegen aus seiner Baubranche, vor allem aber auch Lutz treffen. Mit ihm wollte er zu Mittag essen, natürlich in der für seine gute Küche bekannten Kantine des Bundestages.

Manfred sah mehrmals zur Uhr, immer ungeduldiger, als dann endlich mit einer fast halbstündigen Verspätung, Lutz in der Tür erschien.

„Beinahe wäre ich gegangen. Sie wissen, der nächste Termin klopft schon an die Tür", entgegnete Manfred auf Lutz seine Entschuldigung.

„Was gibt es neues in Prag?"
Als wäre es ein Startsignal, begann Manfred zu erzählen: „Alles bestens, unsere Freunde sind sehr aktiv. Natürlich hilft ihnen unser Material ungeheuer viel."
„Also, Prost auf die Liberalen", Lutz hob das Bierglas hoch.
„Prost", wiederholte Manfred, nahm einen kräftigen Schluck, dann stellte er fest:
„Aber so gut wie das Pilsner ist keines."
„Ich weiß, aber bis jetzt ist es uns nicht gelungen, dass es hier serviert wird."
„Mit unseren neuen Freunden lässt sich alles ändern, Sie brauchen mir nur Bescheid zu sagen. Sie wissen, Kontakte muss man haben."

Manfred nahm das schlanke Glas erneut in die Hand und prostete Lutz noch einmal zu:

„Sie werden es nicht glauben wollen, was unsere Freunde schon alles zustande gebracht haben. Die Flexibilität der Tschechen ist einfach bewundernswert und das nach so vielen Jahren der Diktatur. Ein Völkchen ist das. Alle sind sie tüchtig, so tüchtig!" Manfred lachte laut.

„Wir sollten dort ein Büro eröffnen."

„Das ist natürlich eine fabelhafte Idee, einfach fabelhaft. Am besten kaufen wird dort ein ganzes Haus. Ich stelle es mir schon vor: Ein Jugendstilhaus in der Pariser-Straße. Das ist die Prachtstraße. Sie sitzen im ersten Stock und blicken auf den alten Comenius, der am Altstädter Ring steht. Wir müssten versuchen das Eckhaus zu erwerben, sonst wäre der Blick nicht so gut. Ich sehe sie schon vor mir: Sie sitzen da in ihren alten Möbeln. Natürlich kaufen wir in Prag andere. Nirgends gibt es Antikes so preiswert wie in Prag."

„Ja?"

„Aber das ist doch allgemein bekannt. In Prag gibt es noch die alte KuK-Kultur.

Der Krieg hat nichts kaputt gemacht."

Lutz, der noch nie östlich von München gewesen war, versuchte sich sein Büro vorzustellen: „Ein Mucha, so hieß doch der Tscheche, nicht? Ein Mucha wäre schön."

„Mucha, ja der alte Alfons", sagte Manfred, als wäre er mit dem kurz nach dem Einmarsch der deutschen Truppen in Prag am 15. März 1939 plötzlich verstorbenen Maler jahrelang in die gleiche Klasse gegangen.

„Das ist kein Problem, den kann ich Ihnen auch so besorgen."

Kapitel 11

Das Leben besteht aus Besprechungen, sagte ich mir, sah auf die Uhr und beschleunigte meinen Schritt. Zehn Minuten später stieg ich am Platz des Friedens aus der U-Bahn. Ich blickte um mich. Zum ersten Mal, seit ich wieder nach Prag kam, war ich hierhergekommen. Nein, „Bei Ludmila" hat sich nichts, absolut nichts geändert. Ich ging quer über den Platz an der Kirche vorbei, dann sah ich die Großbuchstaben des Restaurants „Bei Mucha" leuchten.

Ich hätte den ursprünglichen Namen „Bei Ludmila" belassen. Wahrscheinlich klingt der Name zu historisch und man hat das Gasthaus deswegen umbenannt. Wann hat man aber den Namen des Platzes geändert? Als der Frieden aktuell wurde? Welcher Frieden, der Westfälische? Der Ruf nach Frieden – irgendwo auf der Welt – war unüberhörbar und wurde deswegen auch stets missachtet. Mit Namengebung bewirkt man aber nichts, oder doch?

„Also, ich esse nichts, aber wenn Sie wollen, dann bitte", Milas Stimme klang so, dass mir die Lust am Bestellen verging. Ich fragte mich, warum er mich dann ausgerechnet in diesem Restaurant und noch dazu am Abend, um 19.00 Uhr, hatte treffen wollen. Schließlich hätten wir auch „Beim heiligen Wenzel „reden können. Beide hätten sich somit die Fahrt gespart.

„Sie wollen also auch nichts essen", fragte Mila. Um diesen Satz aussprechen zu können nahm er seine Zigarette aus dem Mund, klemmte sie aber sofort wieder hinein.

„Doch, ich esse, am besten einen Schweinebraten."

„Wir sind doch in einem Feinschmeckerrestaurant", stellte Mila entsetzt fest.

„Beim Schweinebraten weiß man, was man hat." Ich überlegte, ob ich Mila sagen sollte, dass es in einem so feinen Lokal unhöflicher wäre, gar nichts zu essen, schwieg aber lieber. Jetzt wollte ich keine Auseinandersetzungen mit ihm.

Natürlich gab es einen Schweinebraten. Die Knödel waren ausgezeichnet, ganz zu schweigen vom Kraut: „So etwas bekomme ich nicht jeden Tag."

Mila sah mir rauchend beim Essen zu und schwieg.

Ich überlegte, wie ich das Gespräch anfangen sollte, um möglichst viel von Mila über seine Partei zu erfahren und dachte daran, ihm erst etwas über mich selbst zu erzählen, verwarf jedoch diese Idee.

„Also unsere Partei ist zahlenmäßig nicht groß. Das ist im Augenblick nicht so wichtig. Wichtig sind Ideen und Menschen, die dahinter stehen und wir haben beides."

Ich sah Mila erstaunt an. Das klang nach den üblichen Allgemeinplätzen.

„Ja, da staunen Sie von mir so etwas zu hören. Aber ich sage Ihnen, wir haben die Ideen, die sonst niemand hat."

„Wie viele Mitglieder haben Sie jetzt?"

Meine Zwischenfrage brachte Mila aus dem Konzept. Er hielt einen kurzen Augenblick inne. Statt auf die Frage einzugehen, fuhr er fort: „Nach so vielen Jahren Diktatur sehnen wir uns alle nach Freiheit. Sie ist das magische Wort, das uns alle verzaubert. Natürlich gibt es viel zu tun. Es muss nur richtig angepackt werden." Mila, der die Zigarette zwischen den Fingern hielt, presste beide Fäuste kräftig aufeinander. Die Asche fiel auf die weiße Tischdecke, langsam löste er die Verzahnung der Finger und ergänzte: „Wir haben die besten Leute, um diese Aufgaben zu bewältigen."

„Wie ich festgestellt habe, gibt es mindestens sieben Parteien oder Gruppierungen, die sich entweder liberal oder freiheitlich nennen."

Ich merkte, wie ärgerlich Mila wurde, weil ich ihm ins Wort fiel.

„Die Zahl spielt doch keine Rolle. Auf die Leute kommt es an und das sagte ich bereits: Wir sind die besten."

Mir fiel auf, dass er jetzt nicht „wir haben", sondern „wir sind", sagte.

„Ich denke, Sie alle können nur überleben, wenn sie sich mit den anderen liberalen Parteien und Gruppierungen einigen."

„Das verstehe ich nicht."

Ich wunderte mich, dass dieser ansonsten von sich sehr überzeugte Mann zugab, etwas nicht verstanden zu haben. Obwohl mir Mila immer unsympathischer wurde, versuchte ich zu lächeln: „Ich denke, sie sollten alle zusammen eine einzige Partei gründen."

Mila beugte sich über den Tisch so nah zu mir, dass ich den Geruch der Sparta-Zigaretten einatmete. Es kostete mich Überwindung, den Gestank auszuhalten. Ich biss die Zähne zusammen.

Obwohl es nicht besonders laut war, hatte ich das Gefühl als würde er brüllen: „Aber wir sind die Einzigen, die Ideen haben. Wir werden aus diesem Machtkampf als Sieger hervorgehen."

Mir gelang es, ruhig zu bleiben. Wieder überlegte ich, warum sich Mila ausgerechnet hier hatte treffen wollen, wenn er nicht einmal meine Gedanken hören wollte. Ich wusste keine Antwort. Auf die Idee, dass ich Mila gefiel und er sich deswegen mit mir, abseits von seinen Bierkumpanen treffen wollte, kam ich überhaupt nicht, denn ich selbst hielt Mila für einen der unattraktivsten Männer überhaupt, und dass er es anders sehen könnte, kam mir partout nicht in den Sinn.

Kapitel 12

Aus Prag zurück, versuchte ich die an mich herangetragenen Bitten abzuarbeiten:
Wie meistens erwiesen sich diejenigen, die mir am Schwierigsten erschienen als die Einfachsten. So die Bitte nach deutschen Gesetzesbüchern, da die sozialistische Gesetzgebung vollständig überarbeitet werden musste. Die Abgeordneten in Prag wollten sich der Gesetzesüberarbeitung nicht widmen, ohne sich vorher über die deutsche Gesetzgebung informiert zu haben. Ich schaltete in bayerischen Zeitungen eine Annonce mit einer entsprechenden Bitte, mir zu dem Zwecke nicht mehr benötigte Gesetzbücher zur Verfügung zu stellen und schrieb auch an den Justizminister in Bonn. Innerhalb von vierzehn Tagen hatte ich einige Kisten gebrauchter juristischer Bücher und eine Neuauflage der Deutschen Gesetze vom Justizministerium.

In der Zwischenzeit setzte ich mich wieder mit Lutz in Verbindung. Ich überlegte, ob ich ihn überhaupt anrufen sollte, fühlte mich aber dazu verpflichtet, denn ich glaubte einen besseren Einblick in die politische und gesellschaftliche Situation zu haben, als die meisten Deutschen, die in Prag jetzt aktiv waren. Nach mehrmaligen vergeblichen Anrufen gelang es mir, mit ihm verbunden zu werden.
„Ach Sie sind das", stellte er lakonisch fest, als ich ihn an meinen Besuch bei ihm vor ein paar Wochen erinnerte.
„Ich bin wieder in Prag gewesen und wollte Ihnen darüber berichten."
Ich hörte das Lachen am anderen Ende der Leitung: „Ach danke, sehr freundlich. Es ist nicht nötig, ich bin bestens informiert. Ich sagte Ihnen schon, ich habe nicht nur meine persönlichen Kontakte. Wir haben dort sogar unsere Partei."

Mir fiel eine Szene aus dem Buch „Unser Mann in Havanna" ein. Ein Mann hatte die Gebrauchsanweisungen von Staubsaugern als Geheimpläne ausgegeben.

So wird es auch hier sein, nur ein Scheingeschäft, dachte ich.

„Sind Sie noch da?"

„Ja, ich bin noch da und ich wollte Ihnen empfehlen, sich noch nicht auf eine einzige Partei festzulegen. Die Zeit ist dafür noch nicht reif."

„Diese Entscheidung können Sie ruhig mir überlassen."

Mir fielen Milas abgekaute Fingernägel ein und seine belehrende Stimme: „Aber dieser Mann, der ihr Sprecher ist, der ist ein Choleriker."

„Offensichtlich verstehen Sie weder etwas von Parteiarbeit noch von Männern. Auf Wiederhören." Während Lutz auflegte, sagte ich mir, dass es wohl kein Wiederhören geben wird.

Ich stand noch am Telefon im Gang unseres Einfamilienhauses in der Nähe von München und überlegte, an wen ich mich wenden könnte. Nach diesem Gespräch war ich nicht mehr bereit, aufzugeben. Der Sekretär des Parteivorsitzenden kam mir in den Sinn, ein älterer, gut aussehender, distinguierter, schlanker, schwarzhaariger Herr. Wir kannten uns eigentlich gut, besser, als es unter den sogenannten Parteifreunden üblich war.

Ich hatte Glück, er war tatsächlich in seinem Büro. Geduldig lauschte er meinen Ausführungen, dann meinte er etwas trotzig: „Mit so etwas kann ich den Chef nicht belasten."

„Also noch einmal", sagte ich und erzählte ihm, das, was ich schon Lutz erzählt hatte.

„Ja, das sehe ich auch so, aber der Chef setzt andere Schwerpunkte. Sie wissen schon."

Ich wusste natürlich, was er meinte. Für jeden Politiker zählt nur der augenblickliche Medienerfolg. Diesen konnte er mit einer Großaufnahme in den Zeitungen und vielleicht sogar im Fernsehen von sich im Augenblick nur mit Mila zu Stande bringen. Ich sah deutlich vor mir: Beide Männer lächeln sich während des symbolischen Händedrucks gegenseitig an. Natürlich würde Mila in die Bundeshauptstadt kommen. Allein schon dieses Fotos wegen. Vor allem aber in der Hoffnung, hier ein paar nützliche Sachen geschenkt zu bekommen, die es in Prag entweder nicht gab oder die für ihn zu teuer waren, um dann mit einem tollen Hemd oder gar einer Jacke, einer auffallenden Uhr vor anderen Pragern und jetzt gar vor Parteifreunden angeben zu können.

In den Augen aller Osteuropäer war der westliche Teil Deutschlands gleich der „Goldene Westen". Natürlich würde der Chef nicht nach Prag fahren. Er würde Mila kommen lassen, schon um seine Macht zu demonstrieren. Wie jeder Chef glaubt er fest daran, sie zu besitzen. Außerdem war eine Reise nach Prag immer noch etwas anderes, als eine nach Paris oder London, nicht nur der Entfernung wegen. Immer noch war es eine Reise in den Osten, der für Jahrzehnte durch den Eisernen Vorhang quasi von der Zivilisation getrennt war. Der Osten war etwas nicht nur Unbekanntes, sondern auch Unheimliches. Um diese Reise antreten zu können musste man Neugierde, Mut und Phantasie besitzen. Aber viel mehr bedurfte es, um sich in dieser Stadt politisch engagieren zu können? Ich ahnte, dass weder ich noch Lutz in Prag politisch etwas werden bewirken können, denn weder auf die Ratschläge der Emigranten noch der Deutschen würde man hören. Sowohl die einen wie die anderen betrachten sie mit Misstrauen und werfen ihnen Verrat an der Republik vor. Zu stolz sind die Tschechen, als dass sie einen Rat von außen annehmen würden. Sie sind nach wie vor davon überzeugt, immer alles besser zu wissen als die Anderen. Ja, sie leben im Glauben immer richtig gehandelt zu haben, nur stets missverstanden worden zu sein. Letztlich waren die Anderen immer Schuld am Scheitern des Staates, die Slowaken und in erster Linie die Deutschen.

Kapitel 13

Vielleicht war es diese Vorahnung, die mich dazu bewegte, mich umso intensiver um die Vereinigung derjenigen politisch engagierten Kräfte in der Republik zu bemühen, die man zu den Liberalen rechnen konnte. Wenn ich nicht gerade selbst in Prag war, um dort Gespräche zu führen, telefonierte ich, schrieb oder führte die Gespräche bei mir zu Hause. Nach Honza, der unangekündigt gekommen war, kam spontan auch der Vorsitzende der „Freien Demokratischen Partei" der Tschechoslowakei. Zwar erschien er nicht wie Honza mitten in der Nacht, aber er klingelte eines Abends an der Tür und sagte „Ahoj."

Für mich war diese Art von überraschenden Besuchen nichts Neues. Schon während des Sozialismus kamen alle diejenigen, die mich irgendwie und von irgendwoher kannten, zu uns nach Hause. Sie übernachteten, wenn sie auf der Durchreise nach Irgendwohin weiter im Westen waren. Rein geographisch war München, in deren Nähe wir wohnten, die erste größere Stadt im Westen, auf dem Weg nach Überallhin. Ich empfand es als eine Art Pflicht, meine Landsleute bei mir übernachten zu lassen, da sie kein Geld für Hotels hatten.

Seit ein paar Monaten existierte nun der Sozialismus nicht mehr. An der finanziellen Lage der Menschen hatte sich aber vorerst nicht viel geändert. Jetzt konnten sie frei reisen, ohne die früher notwendigen Einladungen und das nutzten sie aus. Ich fühlte mich allmählich überfordert, außerdem musste ich auch stets meinem Mann erklären, warum mich all diese Männer in Deutschland besuchen. Jeder Ehemann würde es zumindest ungewöhnlich finden, wenn seine Frau nächtliche männliche Besuche erhalten würde. Mein Mann bildete hierbei keine Ausnahme. Er tolerierte jedoch meine tschechischen Gäste, auch diesen Mann, der es sich an diesem besagten Abend im Ohrenbackensessel bequem machte.

„Wie kommt ein Arzt darauf, in die Politik zu gehen?" Ich wollte jetzt nicht darüber nachdenken, ob dieser Arzt in diesen altertümlichen Ohrenbackensessel passte, in dem er jetzt saß. Ich ahnte, dass es wie bei Mirek nicht der Fall war.

„Heutzutage ist es die Aufgabe von uns allen, sich politisch zu engagieren. Es müssen vor allem jüngere Leute tun, so wie ich. Aber nicht nur diejenigen, die eine akademische Ausbildung haben. Alle, die entsprechend politisch sensibilisiert sind, sollen sich für eine Demokratisierung des Landes einsetzen."

Ich betrachtete diesen mir unbekannten Mann. Es sind erst einige Monate her, dass das frühere Regime zusammengebrochen ist, doch durch die letzten Ereignisse hat sich mehr geändert, als in den vergangenen fünfzig Jahren. Ich überlegte, warum der Mann von sich so überzeugt war und fragte mich, ob dies eine typisch männliche Eigenschaft war oder nicht. In diesem Augenblick erkannte ich, dass er genauso wenig hierher passte wie Mirek. Lag es speziell an diesen beiden Männern oder passten alle Männer, die im Sozialismus groß geworden waren, einfach nicht in Ohrenbackensessel? ... und Honza? Er saß nicht darin saß. Schade.

*

„Ich darf Ihnen den Vorsitzenden der „Freien Demokratischen Partei" der Tschechoslowakei vorstellen."
Das Klatschen der Delegierten schien in der nicht besonders großen Halle einer niederbayerischen Stadt als Echo von den Wänden zu mir aufs Podium zurück zu hallen. Es gab niemanden im Saal, der sich nicht über die Samtene Revolution in der Tschechoslowakei gefreut hätte. Keiner der die inzwischen gemachten Fortschritte auf

dem Weg in den Verein der demokratischen Staaten Europas nicht begrüßt hätte. Das Vorhandensein einer Partei, die ähnliche Ziele verfolgte, wie die eigene, freute die Anwesenden umso mehr.

Ich wartete bis es in dem Saal wieder ruhiger wurde, dann stellte ich den gut gewachsenen, frisch rasierten Herrn Braun näher vor. Der deutsche Name war es, der die Delegierten zum erneuten Applaus bewegte.

„Danke, danke meine Damen und Herren. Ich freue mich sehr, hier sein zu dürfen."
Der deutsche Name und seine Worte in einem fehlerfreien Deutsch, die meisten Delegierten konnte es nicht fassen. Jetzt standen sie zum Applaudieren auf. Der Saal tobte, als wäre auf dem Podium Friedrich Naumann, der Urvater der deutschen Liberalen erschienen – und nicht ein tschechischer Arzt aus einer Kleinstadt irgendwo im Mährischen.

Plötzlich stand ein Mann mit einem Herrenhut in der Hand auf dem Podium: „Ich schlage vor, wir sammeln für die tschechischen Freunde. Sie können das Geld jetzt gut gebrauchen." Er reichte den Hut einer Frau in der ersten Reihe.

Am Abend bei mir zu Hause zählte Doktor Braun das Geld: „Es waren über 1600 DM. Dafür kann ich doch schon eine Stereoanlage kaufen, oder?"
„Ja", sagte ich, überlegte aber kurz, ob und wie ich es ihm klar machen sollte, dass das Geld für die Parteiarbeit gedacht war. Letztlich entschloss ich mich nichts zu sagen. Wahrscheinlich würde er es nicht verstehen, genauso wie die anderen es nicht verstehen wollten, dass ich keine Lederjacken verkaufen konnte. Es lag gar nicht an diesen Menschen, sondern an dem Regime in dem sie gelebt hatten und das sie zur Unmündigkeit erzogen hatte. Wie sollten sie es besser wissen?

Kapitel 14

Es kam nicht von ungefähr, dass ich einen Tag, bevor die abgebrochene Verhandlung mit Ingenieur Malý weitergeführt werden sollte, wieder nach Prag reiste. Vielleicht war ein wenig Sensationslust dabei, die ich mir verständlicher Weise nicht zugab. Ich war neugierig und wollte miterleben, sollte das Gericht diesen Fall anders behandeln.

Mit dem alten grünen Mercedes-Diesel, derart vollgeladen mit eingesammelten juristischen Büchern, dass der Kofferraum fast schon am Boden schleifte, fuhr ich über die Grenze bei Furth im Wald/Domažlice. Immer noch wunderte ich mich über die Freundlichkeit der Grenzer. In Prag angekommen, lenkte ich das Auto bis vors Parlament am Ende des Wenzelsplatzes. Die Polizisten salutierten. Kurze Zeit später wurde ich vom Vizepräsidenten des Parlaments mit einer roten Rose empfangen.

*

„Ich habe gewusst, dass Sie kommen", begrüßte mich der vor dem Gerichtsgebäude wartende Pavel freudig.
„Ist Franta schon drinnen?"
„Glaube nicht. Eine Verhandlung hat er verkraftet, aber zwei? Das würde ihn zum Nachdenken bewegen. Seinesgleichen wollen doch nicht aus ihren sozialistischen Utopien geweckt werden, es würde zu sehr schmerzen."
„Ich bin mir da nicht sicher und bei Franta schon gar nicht. Irgendwann wird er sich mit seiner Vergangenheit auseinandersetzen müssen."

„Freiwillig tun es diese Leute nicht. Sie haben auch keinen Anlass dazu. Wir haben die Samtene Revolution vollzogen und das ist etwas Einmaliges in der Geschichte."

Mir fiel der ironische Unterton in Pavels Stimme auf.

Wie das letzte Mal kam auch diesmal die Staatsanwältin mit Verspätung.

Sie legte ihre Robe leger neben sich. Ich fragte mich, ob es überhaupt möglich war, dass sich Szenen, die ich aus einem Film zu kennen glaubte, im wahren Leben abspielen könnten. Mein nächster Gedanke war, dass sich diese Frau ihrer Position sehr sicher sein musste, sonst würde sie nicht so handeln können.

„Das ist der Fall Malý. Wo sind wir denn stehen geblieben. Ich weiß schon ..." Die Staatsanwältin unterbrach sich und begann in ihrer großen Aktentasche etwas zu suchen.

„Ich habe die Akte nicht mit, aber das macht nichts. Ich bitte das Protokoll um das Vorlesen der letzten Aussage des Angeklagten."

Als eine sehr hohe junge Frauenstimme zu lesen begann, herrschte Stille.

Im Saal, der genauso überfüllt war wie beim ersten Mal, hätte man eine Stecknadel fallen hören können:

„Mit der Beendigung des sozialistischen Staates bin ich sofort gesund geworden."

„Das habe ich so nie gesagt", Malý hatte den gleichen grauen Anzug an, wie bei der ersten Verhandlung.

Wahrscheinlich ist es sein einziger, dachte ich.

„Sie wissen doch, das Protokoll hat immer Recht." Mir fiel der Ernst in der Stimme der Staatsanwältin auf. Die Partei ... die Partei, die hat immer recht. Also, auch das haben die Kommunisten von den Nazis übernommen. Während ich mich fragte, ob es mir überhaupt zustand solche Vergleiche zu machen, fuhr die Staatsanwältin fort:

„Also angenommen, sie wären tatsächlich gesund geworden, was ich bezweifele ..."

„Sie haben nichts zu bezweifeln. Sie sollen mich frei sprechen", rief Malý, der aufgeregt von einem Bein auf das andere hüpfte.

„Aber Herr Ingenieur setzen Sie sich. Was ich zu tun habe, weiß ich selbst am besten. Ich mache diesen Job seit zwanzig Jahren." Obwohl sich die Staatsanwältin bemühte freundlich zu sein, spürte man den Ärger und die Ironie in ihrer Stimme. Mechanisch wie eine Marionette, setzte sich Malý auf den Stuhl. Seine Beine wippten weiter hin und her.

Wenn sie das seit zwanzig Jahren macht, dann ist sie nach 1968 in diese Position gelangt. Zu jener Zeit, als die größten Säuberungen in den Amtsstuben und der Partei seit 1948 stattgefunden haben. Jedenfalls muss sie ein zuverlässiger Kader gewesen sein, dachte ich.

„Warum haben Sie es so eilig, herauszukommen? Ist das Essen schlecht?" Die neben Malý sitzende Ärztin legte behutsam aber energisch ihre Hand auf seinen linken Oberschenkel. Malý verstand es. Er sollte jetzt nicht sprechen und es ihr überlassen: „Ich wehre mich gegen diese Frage. Sie ist wieder suggestiv."

„Ach so, Frau Doktor fühlt sich angegriffen? Außerdem habe ich nicht Sie gefragt, sondern Herrn Malý." Die Staatsanwältin unterbrach sich kurz, wandte ihre Blicke direkt zu Malý: „Nicht wahr, Sie sehen das vielleicht anders."

Im selben Moment, als Malý aufspringen wollte, spürte er den Druck der Hand. Er setzte sich wieder.

„Herr Malý will sich beruflich selbständig machen."

„Verstehe, heutzutage ist das Mode. Jeder ist sein eigener Unternehmer. Als Unternehmer muss man selbständig sein, geistig fit. Aus diesem Grunde muss ich mich in diesem speziellen Fall gegen Ihre Entlassung aussprechen. Wo kämen wir denn hin, wenn wir als Staat zuließen, dass Irre wie Sie Geschäfte machen."

Im Saal wurde es unruhig. Die Hand auf Malý s Oberschenkel verlor an Kraft. Seine beiden Beine hörten auf zu zappeln. Er sprang auf: „Das können Sie mit mir nicht machen, jetzt nicht. Wir haben eine Demokratie."

Das Klopfen des Hammers in der Hand des Richters unterbrach ihn: „Das Gericht folgt dem Antrag der Staatsanwaltschaft. Die Sitzung ist beendet."

*

Als Mila Manfreds Stimme am Telefon hörte, begann er zu lächeln. Zwar hatte Manfred in den letzten Wochen, außer dass er unzählige Broschüren verschickt hatte, noch nichts bewirkt. Aber Manfred war stets guter Dinge. Die Broschüren waren alle in Deutsch. Für die tschechischen potentiellen Wähler in zweifacher Hinsicht uninteressant: Erstens konnten die meisten nicht Deutsch und außerdem gab es unter denjenigen, welche die Sprache beherrschten, traditionsgemäß eine starke Ablehnung gegenüber den Deutschen. Manfreds Optimismus in Bezug auf die weitere Entwicklung der Partei sowie die Art wie er Mila behandelte, gefielen diesem ausgezeichnet. Alles, was Manfred sagte, tat seiner jahrzehntelang gekränkten Seele gut.

„Ich bin wieder in Prag und wir müssen uns unbedingt treffen." Gleich einem Geschäftsmann, der es gewöhnt ist Termine zu bestimmen, fuhr Manfred fort:
„Ich warte auf Sie um 12.30 Uhr in der Weinstube „Bei den Malern"... Also bis dann."
Manfred reckte sich ein wenig im Bett. Klara war zwar schon weg, aber er konnte noch ihren Körper in den Kissen riechen. Er glaubte sogar ihn auch fühlen zu können.
„Bei den Malern", wiederholte Mila laut. Wie oft war er schon an diesem Lokal auf der Kleinen Seite zwischen dem Kleinseitener Ring und Kampa vorbei gegangen? Nie hätte er sich träumen lassen, hineingehen zu können, galt das Establishment schon immer für einen normalen Tschechen als unbezahlbar, doch jetzt ... Mila rutschte ein wenig auf dem unbequemen hölzernen Bürostuhl hin und her, in dem kleinen Raum, den die Partei vor ein paar Wochen gemietet hatte. Er überlegte, wem er von dieser für ihn einmaligen Einladung

erzählen sollte. Doch niemand Passendes fiel ihm ein, der diese Nachricht entsprechend würdigen würde: Aber am Abend in der Kneipe, dann werden Sie alle Augen machen.

Auf dem Weg, den er bewusst vom Ende des Wenzelsplatzes zu Fuß ging, um die Vorfreude auf dieses Erlebnis auszukosten, ärgerte sich Mila über seinen schäbigen Anzug. Seiner Meinung nach war dieser für diese Weinstube und den Anlass nicht standesgemäß, es war aber der einzige, den er besaß. Mila hatte sich ihn zum Examen im Frühjahr 1968 gekauft. Inzwischen war nicht nur das Blau verblichen. Der Anzug war ihm auch ein wenig eng geworden, vor allem um den Bauch herum.

Fast schon ehrfurchtsvoll betrat er die renommierte Weinstube. Er blicke in den trotz des sonnigen Wetters dämmrigen Raum. Ja, es ist wunderbar, sagte er sich, als er die alten Malereien an den Wänden, die weiß gedeckten Tische und die herumstehenden Kellner in Fracks sah. „Sie wollen speisen", fragte einer von ihnen.
Mila, sich seines Anzuges schämend, sagte: Nein, nein, oder doch."
Das Lächeln des Kellners, der halb so alt wie Mila schien, machte Mila noch unsicherer. „Ich warte auf jemanden, draußen."
„Wie Sie wünschen", sagte der Kellner, während er dem verunsicherten Gast die Tür bereits offen hielt. Mila hatte das Gefühl hinausgehen zu müssen. Er senkte den Kopf, machte einen Schritt und stieß mit einem Mann zusammen: Mila sah nur die Jeans und Wollweste. Er zuckte zusammen: Das durfte doch nicht wahr sein!
„Aber lieber Freund, wo eilen Sie denn hin?"
Als Mila Manfreds Stimme erkannte, zuckte er noch einmal zusammen. Er trat wieder rückwärts in das Lokal. Umständlich begann er zu erklären, warum er draußen warten wollte. Er redete noch als sie bereits an einem der Tische saßen.

Manfred unterbrach seine Ausführungen, denen er sowieso nicht zugehört hatte. „Also wir bauen alles ganz groß aus. Wichtig ist dass es repräsentativ ist. Die Büros müssen etwas vorstellen." Manfred machte eine Pause, sah Mila bedeutungsvoll an und wechselte das Thema: „Das hier, das ist quasi mein Stammlokal." Manfreds Augen glitten über die historischen bemalten Wände: „Immer, wenn ich in Prag bin, esse ich hier, in Prag kann man eigentlich nur hier essen." Er machte wieder eine kleine Pause, dann fügte er hinzu: „Zugegeben, es gibt noch ein paar andere Lokale, aber das alles ist nicht mit hier zu vergleichen."

Als der Kellner kam, stellte Mila mit gewisser Beruhigung fest, dass es ein anderer war, als der Kellner, dem er bereits begegnete.
„Lassen Sie mich das machen," bat Manfred und ohne auf Milas Antwort zu warten bestellte er zwei Schildkrötensuppen, zweimal Steak a la Karl der IV. und eine Flasche Burgunder.
„Wo habe ich denn aufgehört? Aha, also wir wollen es ganz groß aufmachen, dafür kommt nur die Pariser Straße in Frage. Am besten mit Blick auf den alten Comenius, symbolisch natürlich. Lutz wird im ersten Stock residieren. Sie besorgen ihm die Möbel. Er wird sowieso nicht viel da sein. Sie müssen wissen, Lutz kann nur in barocken Möbeln arbeiten. Diese zu besorgen dürfte für sie kein Problem sein." Manfred lachte fast spitzbübisch, als wollte er jetzt gleich Mila einen Streich erzählen, dann fügte er hinzu: „Er will sich einen Mucha in seinem Büro aufhängen. Ich finde es eine großartige Idee. Mit einem Bild von Mucha demonstriert er öffentlich seine Verbundenheit mit den Tschechen."

Mila, der überhaupt nicht wusste, was er antworten sollte, stocherte verlegen in seiner Schildkrötensuppe, die er zum ersten Mal aß. Sie schmeckte ihm nicht. Er war froh, dass Manfred neben dem Sprechen auch noch schnell aß und der Kellner den zweiten Gang bald darauf servierte. Mila senkte wieder seinen Kopf. Er nahm sich vor, ihn möglichst bis zum Ende des Essens nicht mehr zu heben.

73

Manfred, der Milas Verlegenheit gar nicht bemerkte, erzählte weiter. Er hatte sich schon eine genaue Vorstellung von den Räumlichkeiten der künftigen Parteizentrale gemacht.

Der Kellner brachte die Rechnung in einem Lederetui. Manfred las den Betrag, dann legte er seine Visa-Karte hinein: „Der Kellner denkt, ich zahle für beide. Aber das können wir unter uns ausmachen. Das ist doch kein Problem, ich bekomme von Ihnen 1650 Kronen, das ist genau die Hälfte."

Mila merkte wie ihm das Blut aus dem Gesicht und dann aus den Armen schwand. Er hatte das Gefühl, gleich ohnmächtig unter den Tisch zu fallen. So viel Geld hatte er nicht einmal auf dem Sparbuch: „Eintausendsechshundertfünfzig", wiederholte er wie im Traum.

„Für das, was geboten wird, nicht zu teuer. In Deutschland zahlt man das Doppelte."

„So viel habe ich nicht bei mir", stotterte Mila.

Manfred klopfte Mila kameradschaftlich auf die Schulter: „Macht nichts. Ich verrechne es mit Ihrer Provision für den Mucha."

Was für einen Mucha, wollte Mila fragen, dem gar nicht klar geworden war was Manfred von ihm erwartete. Er schwieg lieber.

Kapitel 15

Als ich eingehängt in Frantas Arm die Kneipe „Beim heiligen Wenzel" betrat, ging ein chorähnliches Pfeifen los. Die Männer hoben ihre Bierkrüge und prosteten uns zu.

Ich sah Franta an: „Wir lassen sie dabei."

Unter anderen Umständen würden jetzt alle Bierkumpel anfangen über die vermeintliche Beziehung zu diskutieren. Die gegenwärtige politische Situation hielt die Männer vom Tratschen ab.

„Ich habe den Polizisten gefunden."

Ich drehte mich verständnislos zu Mirek: „Welchen Polizisten?"

„Den aus dem Fernsehen."

Ich, die immer noch nicht wusste, um welchen Polizisten es sich handelte, schüttelte den Kopf.

„Den Polizisten, den wir zusammen im Fernsehen gesehen haben, als ich bei dir war. Du weißt schon, den, der auf den Demonstranten eingeprügelt hatte. Natürlich ist er nach wie vor im Dienst. Ich habe ihn wiedererkannt."

„Es wird schwierig sein, ihm etwas zu beweisen und noch schwieriger, ihn vors Gericht zu bekommen", warf Mila ein.

„Apropos Gericht: Malý geht in Revision. Ich werde ihn verteidigen", stellte Pavel fest, als wäre es das natürlichste in der Welt. Er hob den Krug und trank ihn halb leer. „Sie?", fragte ich verständnislos.

Pavel stellte den Krug wieder hin, wischte sich mit der linken Hand den Schaum von der Oberlippe und meinte: „Natürlich ich, so wie diese Staatsanwältin kann ich es allemal."

Ich dachte daran, dass es in Deutschland gar nicht möglich wäre, dass ein Nicht-Jurist die Verteidigung eines Angeklagten übernimmt. Auch wenn es hier und jetzt möglich sein sollte, vor allem nachdem was ich selbst bei den beiden Verhandlungen erlebt hatte, blieb ich skeptisch, ob es gut wäre, wenn Pavel diese Aufgabe übernähme.

„Aber was denken Sie. Wir haben jetzt eine Demokratie", erklärte mir Pavel.

Ich überlegte kurz, ihn an die bis jetzt stattgefundenen Verfahren mit Malý zu erinnern. Nein, ich wollte ihm doch seine Illusionen nicht völlig zerstören, sagte ich zu mir und schwieg.

„Du alleine schaffst es nicht, einen Polizisten ins Gefängnis zu bringen", stellte Mila fest: „Dazu brauchst du Unterstützung."

Mirek sah Mila an, lächelte in seiner eigentümlichen Art und meinte: „Ich weiß und deswegen erzähle ich es. Ich hoffe, ihr alle mit allen euren neuen Parteien werdet mithelfen."

„Aber das ist doch nicht unsere Aufgabe, weder meine noch die deiner Partei", Mila nahm aus seinem, bereits zum vierten Mal gefüllten Krug, einen kräftigen Schluck, zog mehrmals an seiner Zigarette und ergänzte: „Wir haben Wichtigeres vor, als uns um irgendwelche dummen Polizisten zu kümmern."

Ich sah ihn verblüfft an: „Aber damit fing doch alles an."

„Ich bin auch der Meinung, dass es die Aufgabe der Parteien ist, sich solcher Fälle anzunehmen", pflichtete mir Pavel bei.

Während er sprach, fiel mir das Zittern von Milas Händen auf: „Wir haben ein Programm verabschiedet und wollen versuchen dieses so genau wie möglich umzusetzen, nicht mehr und nicht weniger."

Pavel lachte. „Wenn der Anlass nicht so ernst wäre, würde man es als ein fröhliches Lachen bezeichnen können: Und ihr wollt euch Liberale nennen?"

Ich sah Franta an. Wie stets, seit ich ihn kannte, stand er schweigend dabei.

Franta lächelte zurück und schwieg weiter.

*

Ein paar Tage später hatten Mirek und Pavel eine unabhängige Untersuchungskommission für „Verbrechen gegen die Demokratie" ins Leben gerufen. Diese hatte ihrerseits eine eigene Organisationseinheit mit dem Namen: „Verein für rechtliche Unterstützung der durch den sozialistischen Staat Verfolgten" gegründet.

Die Statuten der Kommission sowie des Vereins wurden von dem tschechischen Innenministerium innerhalb von wenigen Tagen genehmigt.

Das Ziel der Kommission und des Vereins war es, die Verfolgung von Gesetzesverletzungen gegenüber den Bürgern aufzudecken und zu ahnden.

Der Verein sollte die Bürger vor Übergriffen durch den Staat und seine Institutionen schützen. Innerhalb von kurzer Zeit hatte die Kommission an die fünfzig Mitglieder, die ihre Aufgabe sehr ernst nahmen. Dank der Unterstützung einiger engagierter Mitglieder wurde gegen den Polizisten offiziell ermittelt.

Dies alles erfuhr ich aus Pavels Briefen, der mir natürlich die Satzung und die Genehmigung des Innenministeriums in Kopie geschickt hatte.

Kapitel 16

Die Tätigkeit im Bürgerforum hatte Wenzels Leben grundlegend verändert, ähnlich wie das aller anderen Mitglieder des Bürgerforums. Es gab Augenblicke, zwar selten, aber es gab sie, in denen er sich nach der früheren Zeit sehnte: Ganz alleine saß er im Abteil, trank gemütlich sein Pilsner und dachte über die Weltgeschichte nach. Natürlich hatte das Nachdenken über Geschichte stets mit Böhmen zu tun. Hier in Böhmen wurde sie gemacht, die Weltgeschichte. Wenzel stöhnte ein wenig. Seiner Größe und auch seines Körperumfangs wegen klang es wie das Brummen eines Bären.

Die um ihn in seinem Büro versammelten Mitglieder des Bürgerforums blickten ihn fragend an. Es waren alles Männer in seinem Alter oder älter. Wie Wenzel waren sie alle Mitglieder der Charta 77. Während der letzten fünfzehn Jahre durften sie nicht in ihren studierten Berufen arbeiten, sondern waren in der Produktion tätig gewesen. So wurde von der Staatsführung vornehm die Strafversetzung der Männer aber auch der Frauen bezeichnet, die die Charta 77 unterzeichnet hatten oder aus anderen politischen Gründen in Ungnade gefallen waren. Sie wurden als Baggerfahrer, Heizer oder bei der Müllabfuhr eingesetzt, also in Bereichen, in denen ansonsten niemand arbeiten wollte.

Alle, wie sie jetzt hier saßen, waren zwar nicht mehr in der Produktion tätig, in ihre gelernten Berufe hätten sie aber auch nicht zurück gefunden. Die meisten von ihnen waren Abgeordnete des neu gewählten Parlaments, in dem sie für das Bürgerforum saßen. Wieder übten sie eine Tätigkeit aus, die sie nicht erlernt hatten und auf die sie nicht, wie es in den westlichen Demokratien üblich war, meist durch Jahrzehnte lange Parteiarbeit an der sogenannten Basis vorbereitet wurden. Es fiel ihnen nicht leicht. Dazu kam, dass sie wussten, dass die ganze politische Weltöffentlichkeit ihre Arbeit mit großem Interesse verfolgte. Dass sie sich ihrer Verantwortung durchaus bewusst waren, war in ihren angespannten Gesichtern zu sehen.

„Wir müssen weiter machen, die Kommunisten warten nur darauf, dass wir jetzt einen Fehler machen", stellte Filip, ein großer, eher schlank wirkender Mann, fest.

Der studierte Wirtschaftsingenieur, hatte zwischen November 1977 und November 1989 in Südböhmen als Baggerfahrer die Karpfenteiche gesäubert.

„Ich bin gleicher Meinung, auch wenn es fast schon 2 Uhr in der Früh ist", pflichtete ihm Wenzel bei. Er blickte in die Runde: „Ich habe mir das deutsche Grundgesetz besorgt. Wir können es als Muster für unsere Verfassung nehmen."

„Wenn wir uns zu sehr daran halten, wird es den Kommunisten auffallen. Jeder von uns kennt ihre Haltung gegenüber den Deutschen", wandte Filip ein.

„Das Verhältnis der Kommunisten gegenüber den Deutschen ist ja bekannt. Natürlich können wir nicht alles übernehmen. Einige Artikel vollständig, einige zum Teil. Manches müssen wir völlig anders formulieren. Bis zur Vorlage im Parlament haben wir noch eine Woche Zeit. Ich schlage vor, jeder von uns sieht sich den Entwurf noch einmal an und wir reden am nächsten Freitag darüber."

„Das ist doch unmöglich, bedenkt doch wie lange man sonst an einem Verfassungsentwurf arbeitet. Die Verfassung von 1920 ist über ein Jahr diskutiert worden", warf ein alter Herr ein, der bereits an dem Zustandekommen der Verfassung von 1968 beteiligt gewesen war.

„Wir müssen es schaffen. Wir haben einfach keine andere Wahl. Also meine Herren bis dann." Wenzels schwerer Körper quälte sich langsam aus dem für ihn viel zu engen Stuhl heraus.

*

79

Wenn man Wenzel gefragt hätte, ob er ein großer Anhänger der Deutschen wäre, hätte er wohl nur gelächelt und sich nicht geäußert. Zu sehr war er durch die sozialistische Erziehung und ihre Propaganda geprägt, als dass er ein Anhänger der Deutschen geworden wäre. Er erkannte aber, wie erfolgreich sich die Menschen in Westdeutschland in den letzten Jahrzehnten von der nationalsozialistischen Vergangenheit gelöst hatten. Deswegen glaubte er, dass die alten Feindbilder nicht mehr existieren und die große Mehrheit der Deutschen mit den Tschechen in guter und freundschaftlicher Nachbarschaft leben wollten. Wenzel glaubte, dass die Tschechen von den Deutschen einiges lernen könnten. Die deutsche Gesetzgebung zum Beispiel war für ihn ein Vorbild.

Als ihn das Bürgerforum mit der Leitung des Verfassungs-Ausschusses beauftragte, sagte er sofort zu. Er bat mich um die Zusendung des Grundgesetzes und wollte meine Meinung zu den Vorstellungen über die Neugestaltung der Verfassung hören.

Es war ein heißer Sommertag an dem wir uns trafen. Ungewöhnlich für diese an sich so raue Witterung des Böhmerwaldes, zwischen der deutschen Stadt Eisenstein und der gleichnamigen tschechischen Stadt Železná Ruda. Wir hatten diesen kleinen Grenzort nicht bewusst gewählt. Vielleicht wurde deswegen das Treffen auf der Terrasse eines alten Bauernhauses von besonderer Bedeutung. In dem Haus lebten, wie es hier eben schon immer üblich war, mal Deutsche und dann wieder mal Tschechen. Wie die Bevölkerung dieser Gegend war auch die Sprache gemischt. Man sprach Deutsch und Tschechisch stets parallel.

„Meiner Meinung nach muss man gleich in einem der ersten Artikel die Nationalität ansprechen."
„Klar", stimmte mir Wenzel zu.
„Also ich schlage vor, jeder Bürger soll nicht nur zwischen der tschechischen und der slowakischen Nationalität entscheiden können. Er

muss das Recht erhalten, sich auch zu der deutschen oder zum Beispiel der polnischen Nationalität bekennen zu dürfen."

Als ich Wenzels erstauntes Gesicht sah, fuhr ich fort: „Ihr kommt nicht drum herum, heutzutage nicht. Wir haben nicht das Jahr 1920, als die Verfassungsväter die Minderheitenrechte unter den Tisch fallen ließen. Die Zeiten haben sich geändert."

„Abgesehen davon, dass ich selbst Ihre Ansicht nicht ganz teile, weiß ich, dass ein solcher Vorschlag im Parlament nicht durchkommt."

„Warum nicht? Er ist der einzig vernünftige."

Wenzel dachte an das, was Filip über die ablehnende Haltung der Bevölkerung gegenüber den Deutschen gesagt hatte: „Ich glaube nicht, dass es mir gelingen wird, meine Leute von dieser Idee zu überzeugen. Wir würden sie im Parlament nie durchsetzen können."

„Sitzt euch die Angst vor den Deutschen noch so tief im Nacken, nach so vielen Jahren der Unterdrückung durch die Russen?"

Nein, auf diese konkrete Frage wollte Wenzel nicht antworten. Er lächelte ein wenig verlegen: „Für einen solchen Vorschlag wird es keine Mehrheit geben."

„Ich weiß, aber ich habe es Ihnen gesagt. Es sind nicht nur die Deutschen hier in diesem Land, die gegen eure Verfassung sein werden."

Wieder sah er mich erstaunt an. „Die Slowaken werden es sein. Sie haben den Tschechen die Missachtung des Pittsburger Abkommens nie verziehen."

Wenzel lachte, es klang erleichtert: „Darüber mache ich mir keinen Kopf. Das war doch irgendwann während des Ersten Weltkrieges."

Ich rang mit mir, wollte noch etwas zu der Beziehung der einzelnen Nationen sagen, schwieg aber eine Zeitlang. Ich dachte: Wie lange man auch zurückblickt, in diesem Teil Europas hatten die unterschiedlichsten Nationen miteinander gelebt und das lange bevor man die Staatsgrenzen gezogen hatte. Ein bunter Strich auf der Landkarte Europas hatte die Menschen zur Ordnung gerufen. Er hatte ihnen ihre Grenzen nicht aufgezeigt, sondern aufgezwungen. Auf einmal mussten sich die Menschen zwischen der Nation und der Heimat entscheiden. Das Gefühl des Einzelnen wurde nicht gefragt. Wie konnte ich diese Zusammenhänge Wenzel vermitteln?

Was das Pittburger Abkommen bedeutet, weiß wohl kaum jemand. Unter den Slowaken ist es nicht anders. Genauso wenig ist der Verfassungsentwurf des Slowaken Tuka aus dem Jahr 1921 bekannt – oder Hodžas Vorstellungen von einem föderalen Europa. Das alles interessiert nur noch die sogenannten Wissenschaftler wie mich. Für die Massen ist es unwichtig. Das Gefühl ist aber da, das jeder Einzelne in sich trägt, und das ein Bestandteil des eigenen Ich ist. Dem Slowaken sagt es jedenfalls, dass ihnen etwas Ungerechtes geschehen war.

Inzwischen war es ein wenig kühl geworden, die Sonne ging hier im Tal schneller unter als oben auf der Höhe, wo früher das Dorf „Gutes Wasser" lag, das die deutsche Bevölkerung nach dem II. Weltkrieg unfreiwillig verlassen musste. Jetzt bestand es aus einigen wenigen Häusern. Ich wollte Wenzel davon überzeugen, wie wichtig es war, die Zugehörigkeit zur Nationalität verfassungsmäßig zu verankern und so schlug ich vor, schnell mal die vier bis fünf Kilometer ins das Dorf, das jetzt den tschechischen Namen „Dobrá Voda" trägt, zu fahren.

Plötzlich ging in einem der verwahrlosten Häuser die Tür auf. Ein älterer Mann in grüner Offiziersuniform kam auf uns zu. Er war der einzige Mensch, der hier noch lebte. Drei Pferde und zahllose Truthähne, die er selbst züchtete, leisteten ihm Gesellschaft. Auf mich wirkte dieser menschenleere Ort an sich schon gespenstisch, in Verbindung mit diesem Mann aber noch gespenstischer.

Er war froh über jede Abwechslung. Dass er wieder mit Menschen und nicht nur mit seinen Tieren reden konnte, freute ihn sehr. Während er uns durch die verlassene Ortschaft führte, erzählte er: „Zwanzig Jahre lang habe ich hier Kämpfer aus den arabischen Bruderstaaten ausgebildet. Es waren Palästinenser und PKK-Männer. Für mich war es eine interessante, ja schöne Zeit gewesen. Jetzt ist alles aus. Ich bin nur noch ein Verwalter, der statt Friedenskämpfer Pferde ausbildet. Die Truthähne sind zu dumm, als dass sie sich ausbilden lassen würden."

Kein Wort über die Deutschen, die hier Jahrhunderte lang gelebt hatten. Und doch gab es am Ende der Häuserreihe unterhalb der hohen Bäume den Friedhof, auf dem die Dorfbewohner ihre letzte Ruhe fanden. Die meisten Grabsteine hatten schon vor langer Zeit ihren ursprünglichen Platz verlassen und lagen ungeordnet kreuz und quer unter dem hohen Gras.

„Das hier, das ist unsere Schande. Irgendwann mal werden wir dafür zur Rechenschaft gezogen."

Wenzel nickte zustimmend. „Aber im Parlament werde ich es nicht durchsetzen."

„Diese Chance bekommen wir nicht noch einmal. Sie müssen es versuchen."

Wenzel drehte sich um und ging zum Auto zurück. Ich wusste, dass meine Vorstellung, das Bekenntnis zur Nation als ein persönliches Grundrecht jedes Einzelnen, in die Verfassung aufnehmen zu lassen, ihn vorerst nicht überzeugt hatte. Ich ahnte aber nicht, dass in knapp zwei Jahren dieser Staat zusammenbrechen würde.

Kapitel 17

Mila nahm sich vor möglichst nicht an Manfred zu denken. Erstens wäre ihm die für ihn riesige Summe, die Manfred von ihm für das Essen haben wollte, eingefallen und zweitens wusste er absolut nicht, woher er ein Gemälde von Mucha besorgen sollte. Solange er in seinem Büro saß und Klara nicht traf, gelang es ihm recht gut, an beide für ihn so unangenehme Angelegenheiten nicht zu denken.

Das Klingeln des Telefons machte ihn in den ersten Tagen nach dem Treffen mit Manfred nervös. Dies legte sich aber verhältnismäßig schnell. Da auch Klara bei ihren fast täglichen Begegnungen nichts sagte, gelang es Mila erfolgreich Manfred und damit die Schulden zu verdrängen.

„Sie haben einen Anruf aus Bonn, warten Sie", befahl eine tiefe Frauenstimme am anderen Ende des Telefons. Während Mila schon der Stimme wegen beinahe stramm stand, versuchte er sich vorzustellen, wer ihn aus Deutschland anrufen könnte. Es wollte ihm niemand einfallen. Wie die meisten Bürger dieser Republik hatte er praktisch keine Kontakte in den Westen.

„Ja, Hallo", eine männliche Stimme riss Mila aus den Gedanken, so dass er die folgende Vorstellung des Mannes nicht nur der Schnelligkeit wegen nicht verstand.

Aber auch vom weiteren Text hat er nicht viel mitbekommen.

Lutz fragte zwar mehrmals: „Verstehen Sie" oder „Geht es in Ordnung".

Dennoch wollte ihm Mila nicht zugeben, dass er ihn so gut wie nicht verstanden hatte.

Nachdem Mila das Gespräch beendete, lehnte er sich in seinem Stuhl zurück. Er versuchte sich zu beruhigen, denn so viel hatte er schon verstanden: Man erwartete von ihm ein echtes Gemälde des Malers Alfons Mucha – und er sollte das Bild nach Bonn bringen.

Die Gedanken schienen sich in seinem Kopf zu überschlagen. Er könnte in eine Galerie gehen und dort ein Gemälde des Malers zu kaufen. Das wäre an sich das einfachste und in der westlichen Welt das, was üblich wäre. Daran war aber aus mehreren Gründen nicht zu denken: Die Bilder des Malers Mucha waren nicht zu bekommen und wenn, was nur rein hypothetisch der Fall sein konnte, dann waren sie nicht zu bezahlen.

Angenommen ihm, Mila, würde es gelingen, einen echten Mucha aufzutreiben und ihn auch zu bezahlen. Spätestens beim Versuch, das Bild über die Grenze zu bringen, würde er scheitern. Mucha war ein Kultmaler, und das schon zu seinen Lebzeiten. Ohne die Genehmigung der staatlichen Galerien durften seine Gemälde nicht ausgeführt werden. Einen Augenblick lang dachte Mila daran, eine Fälschung eines der bekanntesten Gemälde erstellen zu lassen. Er verwarf diese Idee aber schnell wieder. Eine Fälschung wäre zwar preiswerter. Doch ob er diese leichter über die Grenze bringen würde, war schon fraglich. Wenn es eine gute Fälschung sein sollte, würden die Zöllner das Gemälde für echt halten. Er müsste ihnen klar machen, dass es sich um eine Kopie handelte und warum. Nein, daran wollte Mila nicht denken.
Ich muss also einen echten Mucha besorgen, sagte sich Mila. Zum ersten Mal ärgerte er sich bewusst über die stattgefundenen politischen Veränderungen. Sie waren es, die ihn zwangen, sich mit einer Thematik zu beschäftigen, von der er keine Ahnung hatte. Genauso, wie er im Sozialismus Bereiche zu bearbeiten hatte, in denen er sich nicht auskannte. Also hatte sich nichts geändert. Wie einfach es doch gewesen war, als sie über Politik ausschließlich „Beim heiligen Wenzel" diskutierten. Er beschloss heute früher als sonst die Parteizentrale zu verlassen um in die Kneipe zu gehen.

Es warteten nicht nur alle seine Bierkumpane, es waren auch ich und ein ihm unbekannter Mann anwesend. Wie selbstverständlich stellte der bucklige Wirt sofort einen Bierkrug vor Mila. Er nahm einen tiefen Schluck und versuchte an das begonnene Gespräch Anschluss zu finden.

„Nicht zu unterschätzen ist unsere Präsenz auf dem Land", stellte der Liberale Braun fest, den ich in diese Runde eingeladen hatte.

„Das stimmt, aber man muss die Leute dazu haben. Wir arbeiten doch alle wie die Wahnsinnigen."

„Ihr könnt euch nicht beklagen, ihr seid die größte Vereinigung", unterbrach Wenzel Pavel.

„Sogar wir haben da Probleme, obwohl wir in der ganzen Republik, also flächendeckend, vertreten sind", mischte sich Mirek ein.

Ich lächelte: „Das ist doch das, was ich versuche euch zu sagen. Ihr müsst aus den ganzen kleinen Parteien und den Vereinigungen eine einzige Partei machen." Ich sah dabei Mila an, versuchte zu lächeln. Doch der Mann war mir zu unsympathisch geworden, es misslang. Mila, der gedanklich noch bei dem nachmittäglichen Telefonat war, schwieg.

Statt ihm antwortete Franta: „Und du willst den anderen hier zumuten, sich mit solchen Verrückten zu verbinden, wie diesem Mann, der dir die Bilder auf der Straße aufschwatzen wollte? Ich soll dann nicht nur dich, sondern eine ganze Partei retten?"

Sieben Männer unterbrachen das Biertrinken. Ihre Köpfe drehten sich in meine Richtung. Ich spürte die Schnelligkeit des Blutes, das die Röte in meine Wangen trieb. Im selben Moment war mir klar, dass ich nicht schweigen konnte: „Ihr kennt sie vielleicht alle schon, sie nennt sich ‚Partei des kommenden Jahrhunderts'. Sie hat ihren Sitz in der Nähe des Altstädter Ringes." Ich sah um mich. Keiner der Männer nickte zustimmend, trotzdem fuhr ich fort: „Einer von ihnen wollte, dass ich in Deutschland für sie Gemälde verkaufe."

Ein lautes Gelächter folgte, mir fiel auf, dass der einzige, der nicht mitlachte Mila war. Ich erklärte mir dies mit seiner Humorlosigkeit.

Kapitel 18

„Wenn ich nach Prag komme, dann möchte ich neben den anderen Dingen ... in einen ... Sie wissen schon?"
Manfred, der am anderen Ende der Leitung in einer Telefonzelle stand, zuckte zusammen. Die Nachricht, dass Lutz nach Prag fahren wollte, überraschte ihn nicht gerade angenehm. Schließlich beabsichtigte er, dass diese einmalige Aktion als seine eigene Sache betrachtet werde, für die er den schon lange verdienten Bayerischen Verdienst-Orden zu bekommen hoffte. Außerdem wusste er nicht, was Lutz genau meinte, wenn er sagte, „Sie wissen schon ..." Das aber wollte Manfred nicht zugeben und so stotterte er nur: „Aber, das ist doch selbstverständlich."

„Dann ist es gut."

Lutz erleichtertes Ausatmen löste dieselbe Reaktion bei Manfred aus. Die einen Moment lang dauernde Stille in der Leitung unterbrach Lutz: „Ich denke, es ist meine Pflicht nach Prag zu fahren. Wir demonstrieren damit die Solidarität mit unseren tschechischen Freunden."

„Ja, ja selbstverständlich", stammelte Manfred. Er dachte an die Mädchen, die in den vornehmen Prager Hotels ihre Körper für harte Westwährung anboten: Natürlich wird er sie gemeint haben. Ich hätte doch gleich darauf kommen müssen. Aber es ist schon lange her, dass ich ihre Dienste beansprucht habe, sagte sich Manfred, um seine Einfalt zu entschuldigen.

Lutz lehnte sich in seinem Bonner Bürostuhl zurück. Er schloss die Augen und sprach das aus, was er in seiner Vorstellung sah: „Hunderttausende werden sich in den Straßen drängen, um dabei sein zu können. Der Krimsekt wird fließen. Nein, wir nehmen lieber echten Champagner. Was meinen Sie? Es war eine rhetorischen Frage, auf die sich Lutz selbst die Antwort gab: Krimsekt könnte falsch verstanden werden. Nein, das können wir nicht machen. Ehrlich gesagt trinke ich ihn lieber als diesen Champagner. Sie wissen aber wie die Leute sind. Es kommt jemand und sagt, wir wären russophil. Nein, das können wir nicht machen. Bei Kaviar aber, da müssen wir den russischen nehmen. Da können wir auf nichts anderes zurückgreifen. Das wäre stillos. Sie werden es schon schaukeln. Ich kann mich auf Sie verlassen. Auf bald."

Manfred starrte verständnislos den Hörer an: Nein, das war nicht das, was er sich von der Reise nach Bonn versprochen hatte. Er hatte mit Lutz, seinem alten Freund sprechen wollen. Ihm von seinen politischen Erfolgen in Prag berichten. Nicht nur, das Lutz keine Zeit für ihn gehabt hatte. Er hatte ihn sogar gesiezt. Das laute Klopfen an die Tür der Telefonzelle riss ihn aus den Gedanken: „Sie können doch nicht so lange die Zelle blockieren. Außerdem telefonieren Sie gar nicht."
Manfred sah den jungen Türken an: „Werde nicht frech. Ich muss noch telefonieren." Noch einmal wählte er den Anschluss von Lutz an.
Als ihm die Sekretärin dann sagte: „Der Chef ist nicht zu sprechen", hängte Manfred ärgerlich den Hörer ein. Er sah nach draußen. Der junge Türke stand nicht mehr da, erleichtert verließ Manfred die Telefonzelle.

*

Die Geschichte, die ich über die Gemälde erzählt hatte, ging Mila nicht aus dem Kopf. Zu gerne hätte er mich gefragt, wer diese Mann war, der mir Gemälde zum Kauf angeboten hatte, doch ich war nicht in Prag. Mir nach Deutschland zu schreiben, fand Mila zu umständlich und telefonieren zu teuer.

Also überlegte er wegen der Besorgung eines Mucha-Gemäldes selbst mit der „Partei des kommenden Jahrhunderts" Kontakt aufzunehmen, um so den mysteriösen Interessenten zu finden. Die Angelegenheit an sich war sehr sensibel, in die Mila möglichst niemanden einweihen wollte. Schon gar nicht jemanden, von dem er noch gar nicht wusste, wer er war. Jeder aus einer anderen Partei war schließlich für ihn eine politische Konkurrenz. Wer wusste, wie das noch enden würde. Womöglich würde er mit dieser Partei oder gar mit diesem Menschen, den er nicht kannte, das Geld teilen müssen. Bei diesem Stichwort wurde Mila bewusst, dass weder er noch die Partei Geld hatte. Die Bezahlung des Gemäldes, falls er eines besorgen würde, war daher unklar. Dazu kam die drängende Frage des Transportes über die Grenze.

Mila wählte Klaras Telefonnummer. Die Sekretärin sagte ihm, sie sei beim Gericht und komme wohl nicht mehr ins Büro zurück. Eher mechanisch sah Mila auf die Uhr. Es war kurz vor Mittag. Er überlegte, ob er die weitere Planung der Gemäldebeschaffung auf den morgigen Tag verschieben sollte. Schließlich ging auch Klara nach ihrem Gerichtstermin nach Hause. Er entschloss sich aber zumindest die „Partei des kommenden Jahrhunderts" zu kontaktieren. Am besten gehe ich hin, so am Telefon kann ich das nicht erklären. Außerdem komme ich wenigstens raus, sagte sich Mila.

Obwohl er vor allem der Kälte wegen schnell ging, brauchte er fast zwanzig Minuten, bis er über den so genannten Graben, den Altstädter Ring und einige kleinere Straßen der Altstadt zu dem Haus gelangte, in dem die Partei ihren Sitz hatte.

Neidisch blickte sich Mila in den großen geräumigen Räumen der „Partei des kommenden Jahrhunderts" um.

„Ich grüße Sie. Wollen Sie Mitglied unserer Partei werden?" Mila fiel auf, wie schön diese junge Frau aussah. Er musste einfach zurück lächeln.

Sie ihrerseits verstand es als Zustimmung und begann Mila die Grundsätze der Partei zu erklären: „Das Unternehmertum haben die Kommunisten vollständig kaputt gemacht. Es existiert eigentlich kein Land, wo es wie in der Tschechoslowakei in den letzten vierzig Jahren keine Unternehmer mehr gegeben hat. Nicht einmal in der DDR, die ja bekanntlich besonders Moskautreu gewesen war. Wir, die ‚Partei des kommenden Jahrhunderts‘ haben uns zur Aufgabe gemacht im Geiste der Freiheit das Unternehmertum wieder aufzubauen. Freiheit, wie sie wissen ...“

Mila lächelte weiter. Er hörte nur halb zu. So sehr war er von den langen blonden Haaren, dem langen schlanken Körper der jungen Frau irritiert. Es fiel ihm schwer, sich darauf zu konzentrieren, ihr den eigentlichen Zweck seines Kommens zu erklären.

„Ja, Sie wollen doch kommen?“

Mila, dessen Augen ihre 170 Zentimeter abtasteten, nickte. Die junge Frau drückte ihm lächelnd ein Blatt in die Hand und hob das Telefon ab. Ohne, dass es Mila gemerkt hatte, musste es wohl schon längere Zeit geläutet haben.

Erst als er draußen im Hof vor dem Brunnen stand, studierte er das Blatt. Es war eine Einladung zur Mitgliederversammlung, die drei Tage später stattfinden sollte. Ärgerlich zündete sich Mila eine Sparta an: Nein, da würde er nicht hingehen können. Das käme einer Spionage gleich, ... oder sollte er doch. Er hatte keine andere Wahl, wenn er den Mann, der sich mit Gemälden auskannte, finden wollte.

Kapitel 19

Es gab Aufgaben, die mir sozusagen schwer im Magen lagen. Ich fühlte mich verpflichtet sie zu erledigen, obwohl ich dazu überhaupt keine Lust hatte. Meinem Naturell entsprechend versuchte ich diese Angelegenheiten so schnell wie möglich abzuarbeiten, und hoffte dadurch wenigstens für eine Zeitlang Ruhe zu finden. In den meisten Fällen funktionierte diese Strategie. Die Lederjacken auf meinem Dachboden bildeten hierbei eine für mich belastende Ausnahme. Seit meinem ersten Versuch, inzwischen vor fast drei Monaten, hatte ich zwar mehrmals versucht, die Jacken zu verkaufen, hatte aber stets dieselbe Antwort erhalten: Die Jacken wären im Verhältnis zum Preis zu schlecht verarbeitet und daher zu teuer.

Für mich stellte sich die Frage, wie ich dies Honza möglichst schonend erklären konnte. Gerade in diesem Fall war mir klar und deutlich geworden, wie falsch die Vorstellungen der Tschechen über die westliche Konsumgesellschaft waren. Man müsste ihnen beibringen, welchen hohen Stellenwert die Qualität der Ware hat. Ich machte mir diese Zusammenhänge bewusst, und dennoch war ich mir im Klaren darüber, dass es schwer sein würde, dies den Menschen beizubringen, die jahrzehntelang froh gewesen wären, überhaupt bestimmte Waren kaufen zu können.

Vor allem bei Honza hatte ich Angst mit dieser Belehrung anzufangen und fürchtete, dass er mich mit neuen Aufgaben betrauen würde, die ich nie würde erfüllen können. Um ihm nicht zu begegnen mied ich die „Partei des kommenden Jahrhunderts" bei meinem nächsten Besuch in Prag. Auf der anderen Seite fühlte ich mich verpflichtet, den Menschen wenigstens mit Rat behilflich zu sein.

91

Die Parteiversammlung war für mich ein guter Anlass, fast alle ihre Mitglieder zu treffen und nicht unmittelbar mit Honza allein und seinen Fragen konfrontiert zu werden. Ich staunte, als ich ihn bereits im Eingang zu dem Lokal „Mila" traf. Ich konnte es mir nicht verkneifen zu sagen: „Sie hier? Sie haben doch die beste Partei."

Mila nahm die fast abgebrannte Sparta aus dem Mund: „Vom Feind kann man immer lernen."

„Sagte schon Lenin", ergänzte ich. Bevor ich weiter etwas sagen konnte, drehte sich Mila weg und verschwand in der Eingangstür.

Wieder auf der Straße schwor er sich, nicht noch einmal mit dieser Partei in Kontakt zu treten. Den Gedanken an ein Gemälde von Mucha hatte er vorerst erfolgreich verdrängt.

*

„Was macht die Ermittlung über den Polizisten", fragte ich am folgenden Abend, als wir wieder „Beim heiligen Wenzel" in der Ecke standen.

„Als Kommission haben wir gegen ihn Strafanzeige erstattet. Das habe ich dir geschrieben", stellte Mirek fest und als ich nickte, fuhr er fort „Es wurde gegen ihn auch ermittelt, nur ..."

Pavel fiel ihm ins Wort: „Ermitteln tut sein Vorgesetzter, der diesen Einsatz angeordnet hat. Da ist jetzt schon klar, wie diese sogenannte Vorermittlung ausgeht."

Mir fiel die Staatsanwältin aus dem Prozess gegen Malý ein. Ich sah die dickliche arrogante Frau vor mir, wie sie leger ein Bein über das andere legte. Schaudernd zuckte ich zusammen: „Und Malý?"

„Der Fall ist vorerst auf Eis gelegt worden." Aus Pavel`s Stimme klang Traurigkeit.

„Das verstehe ich nicht", gab ich zu.

Pavel stellte sein fast leeres Glas hin: „Es wird einfach festgestellt, dass die Gerichte überlastet sind."

„Und was sagt eure Kommission dazu?"

Die beiden Männer sahen sich an. Keiner wollte die Frage so recht beantworten. So taten sie, als würde der eine dem anderen das Rederecht überlassen. Um die entstandene Pause zu überbrücken, tranken sie ausgiebig ihr Bier. Als die Krüge fast schon leer waren, stellte Pavel plötzlich das Glas hin: „Das was dort geschah ist wie in einem Film. Chicago dreißiger Jahre, die Gegenseite schlug zu."

Als Pavel meinen verständnislosen Gesichtsausdruck sah, versuchte er zu lächeln. Sein junges Gesicht verzog sich zu einer sarkastisch wirkenden Maske: „Ein Großteil unserer Leute wurde von der neu ins Leben gerufenen Geheimpolizei abgeworben."

„Wie bitte?"

„Dir brauche ich das doch nicht erklären. Jeder Staat braucht eine Geheimpolizei oder?" Pavel sah mich an: „Man hat nur einen geringen Teil der früheren Leute übernehmen wollen und können. Weil man wohl eine ganz bestimmte Anzahl an Spitzeln braucht und nicht wusste, wie man an sie herankommt, hat man unsere Leute angeworben."

„Der Kalte Krieg ist doch zu Ende. Man müsste meinen, man braucht keinen Geheimdienst mehr." Ich wusste, dass sie das, was ich sagte, zwar begrüßen würden, es aber genauso undurchführbar war, wie die vollständige Abschaffung des Militärs.

„Ja, da ist ihnen ein toller Schachzug gelungen. Damit haben sie gleich zwei Ziele erreicht. Sie haben Spitzel bekommen und unsere Kommission damit praktisch lahm gelegt. Abgesehen von uns beiden gibt es nur noch drei Mitglieder."

Kapitel 20

Das Leben in der neuen Demokratie begann sich zu normalisieren. Nicht nur der Geheimdienst nahm erneut mit überwiegend neuen Mitarbeitern seine Tätigkeit auf, auch das Parteileben begann sich im Sinne der westlichen demokratischen Staaten zu regulieren. Als erster Schritt in diese Richtung konnte der Zerfall des Bürgerforums betrachtet werden.

Während hier im Winter 1989/1990 die ehemaligen Dissidenten das Tempo der weiteren demokratischen Entwicklung des Staates bestimmten, gewannen allmählich die Stimmen der Technokraten an Gewicht. Für Außenstehende fast unmerklich wichen die fast schon träumerischen Ideen von und über Europa den praktischen und pragmatischen. Der Zerfall des Bürgerforums in eine eher konservative Bewegung und eine eher liberale war die unumgängliche Folge. Während sich die Konservativen gleich als Partei formierten, bezeichnete sich die eher liberale Richtung nach wie vor als eine Bewegung. Mit der Wahl des Namens „Bürgerbewegung" sollte vor allem nach außen hin demonstriert werden, dass man die Strukturierung der politischen Landschaft in der gesamten Republik noch nicht für abgeschlossen hielt. Die „Bürgerbewegung" verstand sich als eine liberale, bürgerliche und soziale Bewegung. Dieser Organisation gehörte auch Wenzel an, der inzwischen Vizepräsident des Tschechischen Parlaments geworden war.

Jetzt wäre der richtige Augenblick gekommen, um all die kleinen liberalen Parteien zu vereinigen und sie nach Möglichkeit mit der jetzt entstandenen Bürgerbewegung verschmelzen zu lassen, sagte ich mir und überlegte, wie und mit wem ich versuchen sollte diese Idee umzusetzen. In Gedanken ging ich all die mir bekannten liberalen Vereinigungen und Parteien durch. Es gab die „Freien Demokraten", die „Liberalen Demokraten", die „Republikanische Union", dann die „Partei des kommenden Jahrhunderts", den Tschecho-slowakischen Kongress". Den „Verein der schwarzen Barone" galt es natürlich auch mit einzubeziehen.

Mir fiel die Situation ein, als ich bereits vor ein paar Wochen dieses Thema angesprochen hatte. Obwohl ich bei dieser Erinnerung kein gutes Gefühl hatte, überlegte ich, die Männer „Beim heiligen Wenzel" noch einmal auf die in meinen Augen notwendige Vereinigung der Gruppierungen anzusprechen.

Dann wollte ich mit den mir bekannten Vertretern der Parteien sprechen und vor allem erneut mit Lutz in Bonn Kontakt aufnehmen. Vor dieser Unterredung hatte ich jetzt schon Angst.

*

War es ein Zufall oder ist alles vorbestimmt? War es Schicksal, dass ich ausgerechnet heute von den „Schwarzen Baronen" eine Einladung in die Hauptstadt der Slowakei, nach Preßburg bekam?

Wie gewöhnlich, wenn ich die Post für spannend hielt, las ich das Schreiben bereits auf dem kurzen Weg zwischen dem Gartentor und der Haustür. Wieder drinnen, ging ich zum Telefon und ließ mich mit dem Vorsitzenden der „Vereinigung der Schwarzen Barone" verbinden.

„Ja, selbstverständlich komme ich, aber sie müssen mich am Flughafen in Wien abholen."

„Wird gemacht."

Die europäischen Flughäfen unterscheiden sich kaum, noch weniger als die sozialistischen Plattenbauten. In ihnen waren die Eingangshallen, Ausgangshallen, die Anordnung der Toiletten und auch die der Küchen identisch angeordnet. Bei den Flughäfen ist es ähnlich.

Nur wenn man die Menschen betrachtet und ihren Unterhaltungen lauscht, kann man erahnen, im welchem Staat man sich gerade befindet. Nicht immer, denn der Großteil der Reisenden besteht aus Managern, die meist Englisch sprechen.

Der Wiener Flughafen Schwechat bildete hierbei keine Ausnahme, oder doch? Wenn schon nicht die alte Hauptstadt der KuK-Monarchie, dann erreichte zumindest der Flughafen zu Beginn dieses letzten Jahrzehnts des Zwanzigsten Jahrhunderts einen wohl nie erträumten Ruhm. Er wurde zu dem, was seine Hauptstadt Jahrhunderte gewesen war, zur Drehscheibe zwischen den einzelnen Staaten und Nationen der alten, schon lange toten Monarchie.

Hier treffen sich wieder die Slowaken mit den Österreichern, diese wiederum mit den Magyaren, die sich inzwischen Ungarn nennen. Sie gehören einer anderen Generation an, hatten aber doch dieselbe Mentalität wie vor einhundert Jahren. Natürlich begegneten sich hier auch die Slowaken und die Magyaren, und auch die Tschechen waren dabei. Auf diesem Markt der Menschen und Gefühle wollen sie, trotz ihres zuweilen separatistischen Denkens, nicht fehlen.

Zwei ganz bestimmte Männer hier in diesem Gedränge und Sprachenwirrwar zu finden, war fast unmöglich. Ich hatte gehofft, ich würde gleich am Ausgang einen Mann mit einem großen Schild entdecken, auf dem ihre Namen standen. Ich betrachtete die Gesichter und die Kleider der einzelnen Männer, vor allem an letzteren ließen sich immer noch die Osteuropäer vom Rest der Welt unterscheiden. Doch ich konnte den oder die Tschechen, die mich erwarten sollten, als solche nicht erkennen und so überlegte ich, wie ich die knapp 60 Kilometer, die Preßburg von Wien trennen, bewältigen könnte. Gerade als ich mich nach den möglichen Busverbindungen erkundigen wollte, sprach mich ein kleinerer, sehr opulenter Mann an.

Herr Lipsch hatte einen langen Bart und längere Haare, die zu seinem Alter, das ich auf Mitte Vierzig schätzte, überhaupt nicht passten. Er war meinetwegen extra die fast vierhundert Kilometer aus Prag gekommen, um mich diese 60 Kilometer über die Grenze zu fahren. Die Absurdität dieses Services wurde mir sofort bewusst. Sie wurde in Kürze durch weitere Erkenntnisse bestätigt: Ich wurde auf dem Rücksitz eines weißen BMW 700 platziert. Eine umständliche Fahrt durch die Stadt Wien begann, denn Herr Lipsch war vorher noch nie in dieser Stadt gewesen. Ich wollte ihn fragen, warum ausgerechnet er und nicht jemand aus Preßburg mich abholte und gab mir die Antwort aber lieber selber: Die „Schwarzen Barone" besaßen in Preßburg kein Auto, das sie für standesgemäß hielten, um mich damit am Flughafen abzuholen.

Endlich aus der Stadt, war es ein Katzensprung nach Preßburg. Nicht an diesem Tag. An der Grenze zwischen Österreich und der Slowakei mussten wir fast drei Stunden warten. Weder ich, noch der Fahrer oder der dritte Mann, der sich als Sekretär des Vereins vorgestellt hatte und gleichfalls aus Prag gekommen war, hatten eine Ahnung über die Gründe. Wir dachten nicht daran, dass an diesem 14. März vor 50 Jahren ein selbständiger Slowakischer Staat durch Hitlers Gnaden ins Leben gerufen worden war. Die damaligen Ereignisse und auch das Datum hatten wir natürlich irgendwann in der Schule gelernt und hatten es auch irgendwo im Hinterkopf gespeichert. Auf die Idee, dass man es jetzt wieder bejubelte, kamen wir nicht. In einem Augenblick, in dem der Tschechoslowakische Staat gerade dabei war, den Weg in die Staatengemeinschaft der Demokraten neu zu beschreiten, ließ man in Preßburg die Diktatur hochleben. Verständlich, dass die staatlichen slowakischen Organe bei diesem Spektakel so wenig wie möglich an ausländischen Zuschauer interessiert waren. Deswegen hielten sie die Grenze einfach für eine Zeitlang geschlossen. Trotz dieser Maßnahme erfuhren nicht nur die an dem Übergang Festgehaltenen von dieser Demonstration, die ganze Welt erfuhr davon. Ich begann um den Fortbestand des Tschechoslowakischen Staates zu bangen, mit Recht.

Als ich am kommenden Morgen die große Kongresshalle in Preßburg betrat, zuckte ich ein wenig zusammen. So weit ich auch sehen konnte war ich die einzige Frau unter fast 500 Männern. So sehen sie also aus, die Männer, die sich selbst „Schwarze Barone" nennen. Hinter der offiziellen amtlichen Bezeichnung verbargen sich Männer, die aus politischen Gründen für den Dienst in der Armee als unzuverlässig galten.

Um auf jeden Fall ihre Arbeitskraft nutzen zu können, mussten sie in den zwischen 1950 und 1955 existierenden speziellen Arbeitslagern, den sogenannten „Prapory trestné práce" (Fahnen der Strafarbeit) ihren Dienst leisten.

Ich sah die abgearbeiteten, müden Gesichter, dahinter vermutete ich aber die noch nicht gebrochenen Seelen. Ich dachte an den Mann, der es als damaliger Innenminister letztlich zu verantworten hatte, dass diese Männer als „Schwarze Barone" in die Geschichte eingegangen sind. Was würde Alexej denken, wenn er jetzt hier wäre? So wie ich ihn kannte, hatte er dies vorausgeahnt. Er war im Winter 1990 gestorben. Eine Flucht ins Jenseits? Ich hätte ihn so gerne noch so vieles gefragt. Vor allem nach seiner Tätigkeit als Innenminister. Hatte er alles geglaubt, was er damals tat? Ich hatte ihn nicht gefragt, als ich mit ihm in seinem großen Czaika durch die Vororte von Prag gefahren war. Er erzählte und ich hörte zu. Wie oft hatte ich mich schon geärgert, dass ich damals nicht alles, was er mir über Buchenwald erzählt hatte, aufgeschrieben habe.

Nach einer Reihe von gemeinsamen Fahrten hatte ich keine andere Wahl gehabt, als das Land zu verlassen. Alexej wollte es wohl auch so, nachdem er vor der großen Stalinbüste kniete und ich „Nein" gesagt hatte. Er gab mir Geld, ahnend, dass ich mir davon die Bahnkarte in den Westen kaufen würde. Nur dies war für uns beide die Garantie, sich nie wieder zu sehen. Hatte ich ihn geliebt? Ich wusste es nicht, damals und auch jetzt nicht, wo ich mir sein Gesicht vorzustellen versuchte. Ich machte mir stets bewusst, dass er so alt wie mein Vater war. Außerdem, Alexej war der Klassenfeind und schon deswegen für mich ein Tabu.

All das ging mir durch den Kopf in den wenigen Minuten, bevor ich das Rednerpult bestieg um zu Alexejs Opfern zu sprechen. Nein, ich werde ihnen nicht sagen, dass ich einen ganz anderen Alexej kennengelernt hatte. Einen, der, nachdem er Macht und Ämter verlor, zu kochen begann und sich dem Schönen in dieser Welt zuwandte. Meine Geschichte ist nicht die der zahllosen Männer, die jetzt auf meine Unterstützung warten. Ich werde ihnen gerade nach der gestrigen Demonstration, erklären müssen, warum ich nicht Slowakisch sondern Tschechisch – und auch dies nicht einmal perfekt spreche.

Als der offizielle Teil der Tagung abgeschlossen war, kamen die Männer und begannen, mir ihre Schicksale zu schildern. Noch weniger als je zuvor verstand ich es, warum diese, meist einfachen slowakischen Männer zu Feinden der Republik erklärt worden waren. Weder haben sie gestohlen, noch geraubt, geschweige denn gemordet. In der den Bauern auf der ganzen Welt eigenen, freien Geisteshaltung erzogen, waren sie nicht bereit ihr Denken auszuschalten. Ein Verbrechen in einem Staat der Arbeiter und Bauern. Sie waren und blieben eine Elite, eben die „Schwarzen Barone."

Kapitel 21

Die Beschaffung eines Gemäldes des Malers Mucha beschäftigte Mila vor allem gedanklich. Er war sich inzwischen sicher, dass in Bonn ein Mann saß, der von ihm erwartete, dass er ihm ein Bild des berühmten tschechischen Malers beschafft.

Deutsche Gründlichkeit, sagte sich Mila. Die Idee, den Mann herauszufinden, der sich in der „Partei des kommenden Jahrhunderts" mit Bildern auskannte, hatte er noch nicht vollständig verworfen. Er überlegte, wie er am besten an ihn herankommen könnte. Umso weniger behagte ihm die Idee, diesen Mann zu kontaktieren, geschweige denn ein Gemälde zu erwerben.

Mitten in seinen Gedanken fiel ihm Graham Greenes Roman „Unser Mann in Havana" ein. Er könnte doch die Geschichte als Grundidee für seine Transaktion verwenden. Natürlich konnte er ein Gemälde von Mucha nicht als einen Staubsauger ausgeben. Aber er könnte zumindest behaupten, er hätte ein entsprechendes Gemälde an der Hand. Da er keines hatte, konnte er auch nicht mit ihm nach Deutschland reisen. Er musste demnach den Mann in Bonn davon überzeugen, mit dem Geld nach Prag zu kommen – und dann? Nein, weiter wollte Mila nicht denken. Allein das schon, was er sich jetzt überlegt hatte, war nahe am Betrug. Es blieb ihm nichts anderes übrig als doch zu versuchen, diesen unbekannten Fachmann für Gemälde zu finden. Morgen, sagte sich Mila, der jetzt in die Kneipe wollte, um hier im Kreise seiner Bierkumpane nicht nur die Tagespolitik, sondern auch den üblichen Tratsch zu besprechen.

Als er nur Franta antraf, wollte er gleich wieder gehen. Noch weniger als früher hatte er Lust, sich mit ihm zu unterhalten.

Eher aus Verlegenheit sah Mila auf die Uhr.

„Sie kommen heute wohl nicht. Alle machen sie Politik und haben keine Zeit mehr." Bevor Franta zu Ende gesprochen hatte, stand vor Mila ein frisch angezapftes Bier. Jetzt konnte er nicht mehr weg. Er stellte sich näher zu Franta und hob den Krug. „Also Prost."

„Prost", die beiden Krüge stießen aneinander.

Mit der Zungenspitze leckte sich Mila den Schaum von der Oberlippe: „Dafür hast du jetzt mehr Zeit als wir alle."

Es klang weder ironisch noch spöttisch und doch fühlte sich Franta getroffen. Um nicht gleich antworten zu müssen, begann er wieder zu trinken. Als der Krug leer war, stellte er ihn ab. Franta gab dem Wirt ein Zeichen, ihm einen neuen zu bringen.

„So einfach ist es auch nicht, schließlich habe ich noch meinen Beruf, und den werde ich behalten."

„Ja, das unterscheidet uns von euch. Ihr habt unsere Leute alle hinausgeworfen, 1948 und dann 1968. Man nannte es ‚Zurück in die Produktion'. Wenn es nach mir gegangen wäre, ich hätte es nicht zugelassen, dass ihr eure schönen Posten behaltet. Prost."

Für eine kurze Zeit wurde das Gespräch erneut unterbrochen. Erst als die Krüge leer waren und neue bereit standen, antwortete Franta: „Man kann doch Tausende von Menschen nicht auf die Straße setzen."

Mila wurde ärgerlich: „Mit welcher Begründung nicht? Ihr habt es genauso gemacht. Ich persönlich bin ein Beispiel, das du hier lebendig vor Augen hast."

„Guten Abend die Herren", Mila drehte sich zu der Deutsch sprechenden Stimme um. Es konnte nur Manfred sein. Neben ihm stand Klara. Mila fiel das Gemälde ein. Der Gedanke löste ein kaum merkliches Zittern seiner Finger aus. Er verkrampfte sie zu Fäusten und versuchte, freundlich zu wirken. Er grüßte und stellte Franta vor: „Das ist unser Edelkommunist. Er spricht kein Deutsch."

„Wieso nicht", warf Franta in einem fehler- und fast akzentfreien Deutsch ein. Mila hatte Mühe gefasst zu wirken.

„Es gibt doch nichts Schöneres als Prager Bier", stellte Manfred fest, den blitzschnell vor ihn hingestellten Krug hebend.

„Was macht die Parteiarbeit?"

Mila, der vor Franta nicht sprechen wollte, zwinkerte Manfred zu. Doch der verstand seine Mimik nicht, oder wollte sie nicht verstehen. Er wiederholte seine Frage.

Jetzt musste Mila antworten: „Es ist nicht einfach, aber es geht."

„Aller Anfang ist schwer, nicht wahr? Prost meine Freunde." Die Krüge stießen aneinander. Kurz danach wurden sie leer auf den Tisch gestellt und durch neue ausgetauscht.

Manfred, der nicht gewöhnt war, in einer solchen Schnelligkeit Bier zu konsumieren, fühlte sich ein wenig beschwipst. Das Bier stimmte ihn fröhlich und noch gesprächiger, als er von Hause aus war: „Wir als Liberale haben es in Deutschland nicht einfach. Heutzutage ist es nicht einfach, die Menschen von unseren Prinzipien zu überzeugen. Wissen Sie, es ist so: Auch die beiden großen Parteien geben sich zuweilen als liberal aus. Letztlich haben sie uns aber unsere Grundgedanken geklaut." Manfred sah Mila, dann Franta an. Er nahm noch einen großen Schluck aus dem Krug und fuhr fort: „Ja, Sie haben richtig gehört, meine Herren. Sie haben uns den Liberalismus geklaut und sich diesen selbst auf die Fahne geschrieben. Deswegen ist es für uns umso wichtiger, dass wir hier unsere Ideen an den Mann bringen. Hier ist der Boden noch fruchtbar. Nach den Jahrzehnten Diktatur versteht doch jeder, was Freiheit ist. Also Prost, meine Herren." Manfred hob den Krug und stieß mit Franta und Mila an. Mit mehreren großen Zügen trank er das Bier. Mit dem leeren Krug in der Hand ergänzte er seine Ausführungen: „Man braucht den Menschen nur zu sagen, dass wir für Freiheit sind. Schon haben wir sie nicht nur auf unserer Seite, nein, wir haben sie in unserer Partei."

„Auch wir haben ihnen die Freiheit versprochen." Frantas Bemerkung brachte Manfred völlig aus dem Konzept. Er war nicht darauf vorbereitet, dass ihn jemand unterbrechen oder gar widersprechen würde. In Deutschland, wenn er noch nicht so viel getrunken hätte, wäre seine Reaktion sehr wahrscheinlich anders ausgefallen. Hier konnte er sein Temperament nicht bremsen. Wie durch ein Milchglas sah er den neben ihm stehenden Franta. Er schien ihm groß wie ein Bär zu sein. Er gehört nicht hier her. Er muss hier raus, schoss es Manfred durch den Kopf. Er hob beide Hände und begann Franta, der unmittelbar an der Eingangstür stand, aus dem Raum herauszudrücken.

Frantas kräftiger Körper rührte sich nicht von der Stelle.

„Sie sollen raus hier", brüllte Manfred.

„Ruhe, meine Herren", rief Klara, die sich zwischen die beiden Männer zu stellen versuchte. Innerhalb von einigen Momenten entstand ein Kreis um die drei. Die Männer sahen abwartend zu, machten aber ihre Kommentare:

„Das haben wir hier noch nicht gehabt, dass sich ein Deutscher mit unserem Kommunisten schlägt", stellte ein kleiner dicker Mann fest.

„Bis jetzt haben sich nur die Russen mit unsereinem geschlagen", stimmte ihm ein anderer zu.

Ein alter, kleiner, zerbrechlich wirkender Mann, mischte sich ein: „Aber natürlich haben wir das gehabt. Es ist lange her, damals fünfundvierzig haben sie sich geprügelt. Die Kommunisten haben gewonnen. Was folgte, wissen wir alle."

Aus dem um sie gebildeten Kreis konnte sich weder Manfred noch Franta befreien. Manfred, der kein Wort von dem Gesprochenen verstand, wurde unruhig.

„Gehen wir nach Hause", forderte Klara Manfred auf und nahm ihn an die Hand.

Im selben Augenblick öffnete sich der Kreis. Beim Hinausgehen fiel ihr auf, dass Mila nicht zu sehen war.

Klara konnte nicht schlafen. Sie saß neben dem schnarchenden Manfred im Bett und dachte über sich und ihn nach. Wie oft hatte sie sich schon vorgenommen, sich von diesem Mann zu trennen? Als

Ende November 89 klar war, dass das Regime zusammengebrochen war? Als neben der politischen Freiheit auch die des Einkaufens über Nacht geboten war? Der Zeitpunkt Schluss zu machen war da. Sie war nicht mehr auf seine DM oder seine Tuzexkronen, für die sie sich in den speziellen Geschäften alle ihre Kleider hatte kaufen können, angewiesen. Seitdem war fast schon ein Jahr vergangen. Und? War sie zu feige, Schluss zu machen? Warum? Was band sie an diesen Mann? Sie sah Manfred an, ihr Gesicht zog sich zusammen. Sie drehte es weg, rollte sich wie ein Igel in der Ecke des Bettes zusammen und schlief unruhig ein.

Als in der Frühe der Wecker klingelte, war sie erleichtert, aufstehen und die Wohnung mit dem weiter schlafenden Manfred verlassen zu können.

*

Die Verhandlung, in der Klara als Staatsanwältin gegen einen Klein-kriminellen auftrat, zog sich, wie unterdessen fast alle Verhandlungen, in die Länge. Sie kam erst kurz vor Mittag dazu, Mila anzurufen:
„Es tut mir leid, wegen gestern."
Mila, der ängstlich Manfreds Anruf erwartete, entspannte sich ein wenig. Er lehnte sich in seinem Stuhl, den er im Moment als gar nicht so unbequem empfand, ein wenig zurück und zündete sich eine Sparta an. Mit ihr im Mund antwortete er: „Ich weiß gar nicht, wovon du sprichst."
Klara fiel ein, dass sie ihn, als sie weggegangen war, auch nicht gesehen hatte.
Er hat sich geschickt aus dem Staub gemacht. Was für ein Mann.
„Bist du noch da?"
„Ja, also bis morgen Abend."
Klara hängte ein. Es war schon immer so: Sie musste Manfred erklären, dass er sich auf Mila nicht verlassen könne.

Stand es ihr aber zu, ihn zu warnen? Ging sie da nicht ein wenig zu weit? Der schnarchende Manfred fiel ihr spontan ein. Sie würde den Dingen ihren Lauf lassen.

Mila saß noch in derselben entspannten Haltung, als das Telefon erneut klingelte, seine Gesichtszüge strafften sich.

„Ich habe gehört, dass Bonn schon direkt mit Ihnen Kontakt aufgenommen hat."

„Ja, stimmt", Mila fiel auf, dass er stotterte.

„Man setzt große Hoffnungen in Sie. Sind Sie sich dessen bewusst?" Mila fragte sich, auf was sich die Hoffnungen bezogen, auf die Beschaffung eines Gemäldes des Malers Mucha oder auf seine Person. Er entschied sich für letzteres, es beruhigte ihn ein wenig, und so klang auch seine Stimme jetzt als er antwortete:

„Es freut mich."

„Ich sehe, Sie werden die Sache schon schaukeln", stellte Manfred fest und verabschiedete sich.

Mila seufzte erleichtert. Er nahm sich vor, vorerst nicht weiter nach einem Gemälde von Mucha zu suchen.

Kapitel 22

Lutz sah es aber anders. Vor ein paar Monaten noch war ihm der Name des tschechischen Malers Mucha überhaupt kein Begriff. Inzwischen hatte er alle Bücher, die über den Maler in Deutsch oder Englisch erschienen waren, gelesen. Die seiner Meinung nach wichtigsten, standen jetzt bei ihm im Büroregal. Er wusste, wo überall Muchas Gemälde ausgestellt waren, und welche namhaften internationalen Galerien seine Werke besaßen. Was seine Nachforschungen betraf, war er mit sich selbst zufrieden. Umso mehr schmerzte es ihn, dass er persönlich über keines dieser Gemälde verfügte. In seiner Fantasie überlegte er, welches von den ihm bekannten Gemälden in seinem Bonner Büro, und welches er in Prag aufhängen wollte. Dass es ein Frauenportrait sein musste, stand für Lutz außer Frage. Diesen Überlegungen widmete er sich nicht nur in seinem Büro, sondern auch, wenn er an einer für ihn uninteressanten Sitzung teilnehmen musste.

Auch während des Reitens, wenn er dem Pferd zum Entspannen die Zügel gab, dachte er an Muchas Frauenporträts.

Eines Tages, nach einem solchen Ausritt wurde ihm gemeldet, eine Dame, wohl Ausländerin, warte auf ihn. Er nahm an, dass es sich dabei ausschließlich nur um dieses Thema handeln könnte,
„Schön, dass Sie gekommen sind. Ich wartete schon ungeduldig auf Sie", sagte Lutz statt einer Begrüßung und streckte mir beide Hände entgegen. Mir fiel meine letzte Begegnung mit Lutz ein: Sind es erst ein paar Wochen her oder sind bereits Monate vergangen? Damals hatte er mich nicht zu Wort kommen lassen und mich, in der vielen Männern typischen Art wie ein kleines, dummes Mädchen

behandelt, welches keine Ahnung davon hatte, was in Prag und überhaupt in der großen weiten Welt der Männer geschah. Vielleicht hätte ich lieber nicht kommen sollen um mir so weitere, dumme Reden dieses kleinen Mannes ersparen zu können. Ich schluckte, als könnte ich die Gedanken wie eine schlecht schmeckende Speise, deren Geschmacksreste noch auf der Zunge klebten, herunter schlucken. Nein, ich musste versuchen, mit ihm zu reden, der Kumpel „Beim heiligen Wenzel" wegen ...

Lutz platzierte mich in einem seiner antiken Sessel, dann rief er die Sekretärin, sie möge Kaffee bringen. Während er weiter sprach, nahm er mir gegenüber Platz:

„Bei dem Stress, den man heutzutage hat, muss man sich mal etwas Schönes gönnen. Sie bringen mir sicher eine gute Nachricht aus Prag. Wissen Sie, ich war noch nie dort. Es muss eine wunderschöne Stadt sein, ... diese Geschichte. Mein Gott ... mit der ersten deutschen Universität ..."

Ich überlegte kurz, ihn hier zu unterbrechen. Sollte ich ihm sagen, dass es gar nicht eine deutsche sondern eine universale Universität gewesen war, in der die Nation als solche keine Rolle spielte? Ihm erklären, dass zum Zeitpunkt der Gründung der Prager Universität 1346 der Begriff der Nation eine andere, wesentlich breiter gefasste Bedeutung hatte, und dieser sich erst durch die nationalen Bewegungen des 18. und 19. Jahrhundert änderte? Mir wurde bewusst, wie oft ich schon versucht habe, dies zu erklären. Es war in diesem Fall, wie wohl bei allen bisherigen, völlig sinnlos, einen Deutschen, egal welcher politischen Richtung, über geschichtliche Tatsachen aufklären zu wollen.

Ich schloss lieber die Augen und hörte weiter zu: „Aber nicht nur das, auch die Kultur, beinahe würde ich Prag die Wiege der deutschen Kultur nennen, auch wenn mir der eine oder andere dies übel nehmen würde." Lutz lachte über seinen Witz, rührte in dem jetzt vor ihm stehenden Kaffee, trank ein wenig und fuhr fort: „Die

Entscheidung war richtig. Ich bin nachträglich über den Vorschlag dankbar. Man muss sich immer nur für das Beste entscheiden. Ich zum Beispiel bin der Meinung, man kann nur Hengste reiten. Nur ein Hengst akzeptiert sie als den Herrn. Wahrscheinlich sagt Ihnen das nichts." Lutz sah mich so fragend an, dass ich antworten musste.

Ich dachte an meine kleinen Islandpferde. Lutz mit seiner Einstellung würde sie als richtige Pferde nie akzeptieren.

Ich versuchte sachlich und neutral zu klingen, als ich sagte: „Ich habe selbst Pferde."

Sein „Ja" klang so erstaunt, als hätte ich ihm eröffnet, ich würde nachts als Bauchtänzerin in einem türkischen Lokal auftreten.

Mein Nicken bewegte Lutz dazu, weiter zu sprechen: „Dann sind wir auch in diesem Bereich quasi Kollegen, wie schön." Er machte eine kleine Pause und lächelte mir zu. Um den Ernst der Unterredung zu unterstreichen, setzte er sich aufrecht in seinen barocken Sessel: „Also jetzt aber zur Sache."

„Ich wollte noch einmal darauf zurückkommen, was ich ihnen schon erzählt habe."

„Ja, wirklich? Wir haben uns schon darüber unterhalten?"

Ich nickte wieder: „Alle Liberalen brauchen Unterstützung."

„Ja, natürlich meine Liebe, die kriegen sie ja von uns. Ein ganzes Gebäude will ich ihnen hinstellen, mitten im Zentrum Prags. Die Pariser Straße, hat man mir gesagt, wäre optimal. Da brauchen Sie keine Bedenken zu haben, alles vom Besten. Wir verstehen uns?" Lutz zwinkerte mir zu.

Ein letzter Versuch, sagte ich mir und holte tief Luft: „Man sollte sich vor allem nicht auf eine Gruppierung oder Partei konzentrieren."

Mich durchfuhr ein Schaudern als ich dann hörte: „Aber meine Liebe." Ich biss die Zähne zusammen und hörte weiter zu: „Wir haben unsere Entscheidung doch schon getroffen, nicht wahr?"

In diesem Moment klingelte das Telefon. Lutz stand mechanisch auf und nahm den Hörer ab.

„Bereits seit zehn Minuten leiten Sie eine Sitzung", die sachlich klingende Feststellung der Sekretärin ärgerte Lutz. Er nahm an, sie rief ihn, wie üblich, um seinen Gast, nach spätestens einer halben Stunde höflich wieder aus dem Raum zu befördern.

„Nein, heute nicht", schrie er in den Apparat und warf den Hörer mit einem solchen Schwung auf die Telefongabel, dass er wieder heraussprang. Lutz legte ihn jetzt sanfter auf die Gabel und drehte sich zu mir: „Die Sekretärin, sie wird es nie kapieren."

Im selben Moment klingelte es wieder. Als Lutz erneut die Stimme der Sekretärin vernahm, hängte er wieder ein. Er war auf dem halben Weg zu meinem Sessel, als die Tür plötzlich aufging. In ihr stand ein mittelgroßer Mann mit fast grauen Haaren. Aufgeregt stellte er fest: „Der Chef wird ungeduldig."

Lutz sah ihn an und ohne noch ein Wort zu sagen, verließ er gemeinsam mit dem anderen Mann sein Büro.

Kapitel 23

Es war durchaus nicht so, dass es zwischen den einzelnen liberalen Gruppierungen und Parteien keine Gemeinsamkeiten gegeben hätte. Im Gegenteil. Weil sie sich dessen auch bewusst waren, versuchten sie umso mehr, sich voneinander abzugrenzen, um die kaum vorhandenen Unterschiede hervorzuheben. Diesen Ehrgeiz, denn es war nichts anderes, entwickelten und pflegten sie. Er war die Reaktion auf die jahrzehntelange Unterdrückung im Ein-Parteien-Staat.

Ja, nur keine Solidarität. Jeder wollte anders sein als der andere. Dies war auch das Motto der Parteien. Doch spätestens im Sommer des Jahres 1990 sahen sie ein, dass eine Annäherung oder gar Zusammenarbeit von Vorteil für alle sein könnte. Bevor man aber die Parteien vereinigen wollte, begann man zu diskutieren. Einer der Diskussionspunkte drehte sich um die Frage, ob es nicht auch aus wirtschaftlichen Gründen besser wäre, statt mehreren Zeitungen eine gemeinsame herauszugeben.

Wurde das Druckpapier früher aus der DDR bezogen, so stieg der Preis nach der Vereinigung beider deutschen Staaten um 60 Prozent. Noch höher stieg der Preis für das Normalpapier, nämlich um 200 Prozent. Auch wenn die Zeitungsredakteure auf ihr Honorar verzichteten, sie taten es der Sache wegen und, weil sie alle diese Aufgabe nur als Freiberufler ausübten, konnten sich auch die beiden größten liberalen Parteien auf die Dauer den Luxus der Herausgabe eines eigenen Presseorgans nicht leisten. Trotz der inzwischen bestehenden Parteizentralen fanden nach wie vor die Besprechungen entweder in den Kneipen oder in Privatwohnungen statt. Beides wurde genauso gerne genutzt. So traf man sich auf neutralen Boden.

Es war meine Idee, sich in der Wohnung des Chefredakteurs des „Kurs 99", Herrn Matuš, zu treffen. Für ihn sprach eine einfache, aber sehr wichtige Tatsache: Er besaß eine für Prager Verhältnisse große Wohnung. Damit gehörte er zu diesem Zeitpunkt in diesem Staat zu den Privilegierten.

Seine Wohnung war ein zu drei Zimmern ausgebauter Dachboden eines Hauses aus den zwanziger Jahren des Zwanzigsten Jahrhunderts im Stadtteil Dejvice. Hinter dem Ausbau verbarg sich jahrelange Arbeit, die das Ehepaar als sozialistische Brigade deklariert hatte. Jeder Bürger dieses Staates musste eine gewisse Anzahl von Stunden pro Jahr unentgeltlich manuell arbeiten, und jeder machte daraus das Beste für sich. Ob es keinen Aufzug gab, weil seine Installierung ein technisches Können voraussetzte, das die an der freiwilligen Brigade Beteiligten nicht besaßen? Oder wurde dieser nicht eingebaut, weil Aufzüge zu diesem Zeitpunkt ähnlich wie das Klopapier knapp waren? Tatsache blieb, dass im sechsten Stock alle, die ihn erreichten, außer Atem ankamen.

Die Mühe wurde mit gekühltem Pilsner belohnt. Erst als jeder die dritte oder vierte Flasche geleert hatte, faltete Matuš vor sich seine Papiere aus und gab einen Lagebericht über „Kurs 99":
„Zurzeit werden 30 000 Exemplare gedruckt, die in der gesamten Republik vertrieben werden. Die Kosten belaufen sich auf 108 409 Kč. Man muss davon ausgehen, dass der Preis für jede einzelne Auflage im folgenden Jahr auf 160 000 Kč steigen wird. Falls sich die Zeitung selbst tragen soll, braucht sie ein Stammkapital. Dieses müsste mindestens viermal so hoch sein wie die Kosten für eine einzige Nummer. Da keine der anwesenden Parteien oder Gruppierungen über eine solche Summe verfügt, sollte ein Verlag ins Leben gerufen werden. An ihm sollten sich alle Liberalen beteiligen." Matuš unterbrach sich, er hoffte, er würde für diese Anregung eine sofortige Zustimmung bekommen. Aber keiner der Anwesenden wollte jetzt etwas sagen.

Also muss ich weiter argumentieren, sagte sich Matuš. Seiner Lunge entwich ein tiefes Stöhnen und er fuhr fort: „Wenn wir uns zusammentun würden, hätten wir nicht nur das nötige Kapital, um eine Zeitung fortzuführen. Wir könnten uns auch ein echt professionelles Team leisten." Das Stichwort war gefallen. Jeder der Anwesenden wollte jetzt etwas dazu beitragen.

„Das klingt so, als hätten wir es nicht", stellte Wenzel fest.

„Nein, nein, das habe ich nicht gemeint", versuchte ihn Matuš zu beruhigen, wurde aber sofort von Mirek unterbrochen: „Soll das etwa heißen, wir, die sich seit fast einem Jahr um die Zeitung kümmern, wir sollen wieder aufhören?"

Bevor Matuš auf diese Frage eingehen konnte, ergriff Mila das Wort: „Wir haben natürlich exzellente Leute, lauter Profis."

„So wie dich", warf Wenzel ein.

„Aber natürlich", wandte Mila ein, der trotz Wenzels Ton dessen Ironie nicht verstand: Wenn wir uns auf so etwas einlassen würden, dann nur, wenn wir die Federführung in der Hand behalten."

„Im Klartext, du willst es machen."

Mila wandte sich an Wenzel: „Wer denn sonst?"

Wenzel sah skeptisch in die Runde. Keiner wollte sich jetzt in die Auseinandersetzung zwischen den beiden einmischen.

Mirek unterbrach die kurz entstandene Stille, in der man nur das Klappern der Gläser, das Schlucken der Männerhälse, ihr hörbares Aus- und Einatmen des nach wie vor billigen tschechischen Tabaks, sowie das Knirschen der alten Holzstühle, auf denen sie hin und her rutschten, vernahm.

„Wenn wir eine gemeinsame liberale Zeitung machen, dann heißt das, wir machen sie gemeinsam mit den Slowaken."

„Das sehe ich anders", warf Mila ein.

„Kann ich fragen warum?"

„Das hat verschiedene Gründe, technische. Zum Beispiel, dass wir die Zeitung in Prag machen müssen und uns nicht immer mit Preßburg absprechen können."

„Heutzutage doch kein Problem", meinte Mirek.

„Ich möchte ausreden." Weil Mila ahnte, dass seine Argumente nicht überzeugend genug waren, klang seine Stimme ärgerlich: „Außerdem verstehen die Slowaken nichts von Liberalismus." Jetzt war es raus. Er sah um sich.

Die einzelnen Gesichter der Anwesenden spiegelten die Schnelligkeit wieder mit der ihr Gehirn diese Aussage verarbeitete. Eigentlich waren sie alle seiner Meinung. Hatten sie nicht schon in der Schule immer wieder gelehrt bekommen, dass die Slowaken kulturell arm wären? Ihre Rettung in der Kultur Hitlerdeutschlands gesucht hatten? Ja, so war es. Die Slowaken waren in jeder Hinsicht zurückgeblieben. Außerdem waren sie katholisch. Allein diese Tatsache bedeutete, dass sie nicht liberal sein können.

„Ich war vor kurzem in Preßburg", begann ich. Alle vierzehn Männeraugen drehten sich zu mir, blieben kurz auf meinem Gesicht haften, um dann herunter bis zu meinem knielangen Rock zu gleiten. Dort – zwei Zentimeter oberhalb meiner Knie – blieben sie haften. Milas Mund schmatzte mechanisch.

„Ich sprach dort vor den Schwarzen Baronen. Ich denke, unter ihnen gibt es eine Reihe gebildeter und interessanter Slowaken, mit denen man eine Zeitung realisieren könnte."

„Also mit diesen Leuten will ich nichts zu tun haben", stellte Mila fest.

„Das verstehe ich nicht."

„Die Sache ist doch so, die haben doch alle eine zweideutige Vergangenheit. Auch wenn sie nicht als vorbestraft gelten, sind es doch irgendwie Kriminelle."

„Kennen Sie einen der Schwarzen Barone persönlich?"

„Nein und das will ich auch nicht. Ich will mit diesen Leuten nichts zu tun haben. Das gilt auch für meine Partei."

Mir fiel das Wort „meine" auf. Ich fragte mich, wie sich so jemand, der nicht bereit war, sich mit Menschen zu unterhalten, die während des stalinistischen Terrors in der Tschechoslowakei zu Unrecht verfolgt worden waren, und der so ein einnehmendes Wesen hat, dass er sogar die Partei als eigen betrachtet, sich auf der anderen Seite als „liberal" bezeichnen konnte. Um liberal zu werden, das ist ein langer Entwicklungsprozess, ob es bei ihm gelingen würde? Ich glaubte es nicht.

Die Diskussion ging weiter. Als man kurz nach Mitternacht auseinander ging zeichnete sich ab, dass es keine gemeinsame Zeitung geben würde und damit wohl auch keinen Zusammenschluss der liberalen Gruppierungen und Parteien.

Kapitel 24

An meinem Tagesablauf in Prag änderte sich nichts. Ich nahm an den einzelnen Parteiveranstaltungen teil, besuchte die neu gewonnenen Bekannten, um mit ihnen über dies oder jenes zu diskutieren. Eigentlich war jedes Gespräch politisch ausgerichtet, auch wenn es nicht unmittelbar politischen Inhalts war. Die Initiative jedes Einzelnen spiegelte seine Einstellung zur Situation im Staat wider. Die Aktivitäten von Frau K. waren hierfür das beste Beispiel. Ich hatte sie bei ihrer ersten Reise nach Prag im November 1989 kennen gelernt und seitdem nicht mehr gesehen. Ich war gespannt, was aus der Idee, eine katholisch ausgerichtete Schule ins Leben zu rufen und eine christliche Zeitschrift zu gründen, geworden war.

Unweit des Wenzelsplatzes und in der Nähe des Hauses, in dem das Bürgerforum seinen Sitz hatte, befand sich ihr Büro. Genau gesagt, auf halbem Wege zwischen der Straße des 28. Oktobers und dem Nationaltheater. Dieses stand, wie hätte es auch anders sein können, nach wie vor unerschütterlich majestätisch und daher stolz da. Man könnte sich fragen, wieso das Gebäude des Nationaltheaters immer noch stolz war. Die Ideale, in deren Geiste es gebaut worden war, waren nicht verwirklicht worden. Man hatte sie bewusst ad Acta gelegt. Auf dem halben Weg zwischen den Idealen des 19.Jahrhunderts und denen des 20. Jahrhunderts, versuchte Frau K. ihre eigenen Ideale in die Praxis umzusetzen.

Bei näherem Hinsehen, unterschieden sie sich gar nicht so sehr von den Vorstellungen der geistigen Träger des letzten und jetzigen Jahrhunderts.

Der Aufzug endete im fünften Stock. Als ich die sehr steile Treppe in den sechsten Stock bewältigt hatte, fragte ich mich, ob sich hier überhaupt noch Räumlichkeiten befinden konnten.

In drei Zimmern, die unter die Dachschrägen hineingezwängt waren, stellte Frau K. unter Mithilfe von drei Frauen, bereits die vierte Nummer einer katholischen Zeitschrift her. Hinter ihrem mit Zeitungsausschnitten, Büchern und sonstigen Papieren überfüllten Schreibtisch war Frau K. kaum noch zu sehen.

Ich blätterte in der neuesten Nummer der „Familie". Das kleine Heftchen im DIN A-5 Format enthielt Anregungen für die praktische Hausfrau so wie Rezepte, Rätsel, Reime für Kinder. Erzählungen aus dem Leben Jesu, für die ganze Familie, fehlten nicht. Die Aufmachung und der Inhalt wirkten nicht nur traditionell, sondern beinahe archivreif.

Mein Gott, wer soll das kaufen und geschweige denn lesen? Aber vielleicht doch. Allzu sehr unterschied sich die Aufmachung und der Stil von jenem, welcher während des kommunistischen Regimes gepflegt wurde nicht. Schon alleine deswegen würde das Heftchen Abnehmer finden. Wie lange es sich halten wird?

„Das Schulministerium hat uns bereits die Genehmigung zur Gründung eines katholischen Kindergartens zugesagt. In einem oder zwei Jahren werden wir ein eigenes Gymnasium eröffnen." Die Stimme von Frau K. klang voll Begeisterung und Zuversicht.

Ich musste etwas Positives sagen, etwas Ermunterndes. Stattdessen dachte ich an Falke, den großen hageren Mann. Jahrzehntelang hatte er im Untergrund für die Belange der katholischen Kirche gekämpft. Jetzt war er Vizepräsident des tschechoslowakischen Parlaments. Jenes Parlaments, das sich der Wiedergeburt der Demokratie in diesem Staat verschrieben hatte. Bereits jetzt ahnend, dass der Staat nach den leidvollen Jahren unheilbar krank war und nicht mehr zum Leben erweckt werden konnte.

Zwei Menschen könnten nicht unterschiedlicher sein, als er und sie. Es hatte nichts mit dem Geschlecht zu tun. Wahrscheinlich würde sie, die kleine quirlige Frau, mehr für die katholische Gemeinde bewirken als der intellektuelle Denker. Seine Ideen würden für die breite Bevölkerungsmasse immer unverständlich bleiben.

„Wissen Sie, wenn wir eigene Schulen bekommen, dann können wir die jungen Menschen wieder im richtigen Glauben erziehen. Wir werden sie zu den Werten des Christentums zurückführen."
Ich sah vor mir den alten Jesuitenprofessor, der sinniger Weise eine Professur für Marxismus-Leninismus in München innehatte. Die Ähnlichkeit der Physiognomie mit dem Tschechen Falke war frappierend. War das aber schon ein Beweis, dass die Seele den Körper prägt? Die beiden, obwohl sie nicht nur zwei verschiedenen Nationen angehörten und sogar in zwei Staaten lebten und wirkten, die durch den sogenannten Eisernen Vorhang getrennt waren, hatten wohl zahllose Gemeinsamkeiten.`
„Es wird nicht einfach sein, Lehrer zu finden", stellte ich fest, um etwas Neutrales zu sagen.
„Aber das ist nicht das Problem. Im Vatikan gibt es tschechische Priester, die sich bereit erklärt haben, uns zu helfen." Frau K. lächelte fröhlich, während mir die Nachbarn aus meiner Kindheit einfielen.
„Ja, ich weiß", und ich erzählte kurz die Geschichte mit der Nachbarin, deren Bruder als Priester im Vatikan tätig war. Sie durfte deshalb nicht unterrichten. Stattdessen strickte sie wie meine Mutter Babyschühchen.

Frau K. lachte wieder: „Also, an Lehrern wäre kein Mangel. Vergessen Sie nicht, die Slowaken sind größtenteils gläubig – und auch sie würden kommen."
„Das wäre prima, etwas Besseres könnte den Pragern nichts passieren, als dass jetzt die Slowaken ihre Kinder unterrichten."
„Wie meinen Sie das?" Frau K. hatte aufgehört zu lachen.

„In den zwanziger Jahren kamen doch die tschechischen Lehrer in die Slowakei und jetzt ist es umgekehrt."

„Sie meinen also ...?"

Ich war mir nicht sicher, ob Frau K. wusste, was ich meinte. Ich spürte, dass Frau K. das Gespräch über das tschecho-slowaksiche Verhältnis nicht gerade angenehm war, und da ich mit ihr keine Grundsatzdiskussion beginnen wollte, sagte ich:

„Ich finde es gut und sehr nützlich, was sie machen", und war mir nicht sicher, ob dies überzeugend klang, vor allem weil ich selbst nicht daran glaubte.

Kapitel 25

Die Zeitungs- und Zeitschriftenvielfalt war eine konsequente Reaktion auf die Pressepolitik des kommunistischen Regimes. Um sich die Mühe der Zensur zu erleichtern, war nur eine ganz bestimmte Anzahl an ausgewählten Presseorganen zugelassen worden. Das parteieigene Presseorgan hieß „Rude Pravo" (das Rote Recht). In ihm wurde die sogenannte sozialistische Wahrheit verkündet, daher der Name. Nicht zu vergessen, weil das Recht, welches hier verkündet wurde, mit dem Blut Andersdenkender getränkt war.

Weil nach der Samtenen Revolution – wie schon der Name sagt – die Kommunistische Partei weiter bestand, überlebte auch die Zeitung. Auf das Adjektiv rudé (rote) wurde verzichtet. Für die Herausgeber ein ausreichendes Signal dafür, ab sofort neutral zu sein. Jeder wusste aber, dass es sich nicht nur um dasselbe Blatt, sondern auch um dieselben Journalisten handelte. Sie hatten meist bereits seit zwanzig oder dreißig Jahren für diese Zeitung gearbeitet. Im Volksmund hieß das Blatt nach wie vor „Rude", das Rote. In der Frühe kaufte man es sich am Zeitungskiosk. Man verlangte „jedno Rudé" (ein Rotes) und erhielt es für 2 Kronen.

Als Franta das Blatt in die Hand nahm, wunderte er sich über den Umfang. Statt der vier üblichen Seiten zu Zeiten des Sozialismus, waren es jetzt meist sechs bis acht Seiten. Das Blatt musste weit mehr Themen ansprechen, als in den letzten Jahrzehnten. Es musste sie auch noch kommentieren, was früher für überflüssig erklärt worden war.

Er klemmte die Zeitung unter den Arm und ging die Stufen zur U-Bahn am Kulatak herunter. In den Zug eingestiegen, befreite Franta die Blätter aus der Umklammerung und faltete sie auseinander. Statt der üblichen Artikel waren hier nur alphabetisch Namen abgedruckt. Heutzutage ist fast alles möglich, aber dass wir so etwas herausgeben. Seine Augen rutschten ein wenig höher, statt „Rudé Právo" lasen sie „Rudá kráva" (rote Kuh). Unschlüssig, ob er sich ärgern oder lachen sollte, begann Franta die hier veröffentlichten Namen der inoffiziellen Mitarbeiter des tschechoslowakischen Geheimdienstes zu lesen. Franta, als früherer Berater des Zentralkomitees der Partei, hatte es nicht nötig gehabt, eine solche Tätigkeit auszuüben. Er hatte sie im Inneren seiner Seele verachtet. Aus reiner Neugier begann er eine Seite nach der anderen zu lesen. Als er mitten auf der Seite sieben angekommen war, musste er aussteigen. Franta überlegte kurz, das Blatt mitzunehmen. Da ihn aber das Thema nicht sonderlich interessierte, warf er die Zeitung in den nächsten Papierkorb.

*

Wie viele Jahre hatte ich mir immer wieder die gleiche Frage gestellt, was das wohl für Menschen waren, die für den Geheimdienst gearbeitet hatten? Wer von meinen Bekannten hatte meinen Vater verraten? Meine Mutter zur Spionage zu bewegen versucht? Ich unterbrach das Lesen. Ich dachte an meine letzte Fahrt nach Prag.

Obwohl im Herbst 1968 mein Aufenthalt in Deutschland von den tschechoslowakischen Behörden legalisiert worden war und ich einen neuen Pass mit dem Vermerk: „Ständiger Wohnort Bundesrepublik Deutschland erhielt", musste ich für jede einzelne Reise nach Prag bei der Botschaft in Bonn ein Visum beantragen. In Prag angekommen, war es meine Pflicht, mich innerhalb von 12 Stunden bei der für Ausländer eingerichtete Meldebehörde zu melden.

Das Amt befand sich in einem 15-stöckigen Plattenbau unweit des Zentralfriedhofes Olšany. Ob sie diesem Platz bewusst gewählt haben, um dort dem Regime unliebsame Ausländer unauffällig zu begraben, soll hier nicht diskutiert werden, aber nachdenkenswert wäre es schon. Für mich, aus Dejvice kommend, eine Straßenbahnfahrt von einer knappen Stunde. Ohne länger warten zu müssen, bescheinigte mir der Sachbearbeiter in einem kleinen Büro, durch einen Stempel auf das Visum, dass ich mich pflichtgemäß angemeldet habe. Während er mir meinen Pass übergab, sagte er nur kurz: „Nebenan wartet noch jemand auf Sie."

Wie oft habe ich mir diesen Augenblick vorzustellen versucht, jetzt war er da. Aus dem Nebenzimmer kam auf mich ein junger, sehr großer und sehr gut aussehender Mann zu. Ich begann zu zittern. Warum ausgerechnet ein Slowake? Die Staatssicherheit war doch für ihre genaue, fast akribische Genauigkeit bekannt. Sie haben wohl herausbekommen, dass ich eine Schwäche für die Slowakei habe, auch wenn diese vor allem wissenschaftlich war. Das lasse sich ändern oder ausbauen, sagte sich wohl jemand. Er war angesetzt worden. Natürlich machte er es so, wie es in den Warnungen des Innenministeriums der Bundesrepublik Deutschland in den Siebziger Jahren gestanden hatte. „Man verliebt sich, man fasst Vertrauen, man spricht über dies und jenes, aber der Partner ist schon verheiratet mit dem Staatssicherheitsdienst."

Ich war damals überstürzt abgereist, um fast zwei Jahrzehnte nicht wieder nach Prag zu fahren.

Ich las in der Zeitung „Rudá kráva". Als ich bei dem Buchstaben N angekommen war, hatte ich bereits zwei meiner Bekannten gefunden.

Als ich den Namen „Novak Jan" las, begann ich zu zittern. Nein, das darf nicht wahr sein, dieser kleine, dickliche Mann, der immer so gut gelaunt gewesen war. Wie lange kannte ich ihn? Im Sommer 1968, wann denn sonst, kam er nach München. Ich hatte ihn zu mir nach Hause genommen. Er war drei Monate geblieben, denn für so lange hatte er ein Forschungsstipendium genehmigt bekommen. Hatte er schon damals über die Gäste in meinem Haus berichtet, über den damaligen Justizminister zum Beispiel? Mich durchfuhr es kalt. Ich schüttelte mich, als könnte ich damit auch die Ereignisse von damals, wie den auf meinen Mantel gefallenen frischen Schnee abschütteln. Spätestens jetzt verstand ich, warum man in Prag ein Jahr später meine deutschen Freunde verhört und dann ausgewiesen hatte. Nein, ich wollte es nicht glauben, nicht über diesen Mann.

*

„Hast Du schon deinen Typen in „Rudá kráva", gefunden", fragte mich Mirek am Abend, als wir wieder mal alle „Beim heiligen Wenzel" standen und Bier tranken.

Es dauerte einige Augenblicke, die mir wie eine Ewigkeit schienen, bevor ich antwortete: „Nein, habe ich nicht und werde ihn wohl nicht finden. Die Sache ist viel komplizierter. Ich habe insgesamt sechs Männer gefunden, die in Frage kommen könnten. Natürlich würde mich interessieren, welcher von ihnen mich verpfiffen hat. Ich kann sie ja schlecht fragen: Warst du es, der mich damals an die Fizls als einen interessanten Fall gemeldet hat?"

Dem neben mir stehenden Franta fiel die Zeitung im Papierkorb ein. Er hätte sie doch behalten sollen. Wer wusste, was nicht alles in ihr stand.

„Aber einen Verdacht hast du schon", bohrte Mirek nach.

„Jeder, der das erlebt hat, hegt einen Verdacht. Damit haben wir gelebt, genauso wie mit der Angst", mischte sich Mila ein.

„Darunter ist auch der Name eines Mannes, der mich, als ich erst sehr kurz in München lebte, besucht hat. Auf ihn wäre ich nie gekommen. Als ich heute seinen Namen las, wunderte ich mich, dass ich nicht schon früher misstrauisch war, oder schon damals, als er ankam. Er kannte schon meine Eltern und vielleicht schöpfte ich deswegen keinen Verdacht. Außerdem hieß er Harro. Er war einer der wenigen Deutschen, die noch in Prag lebten. Harro war anders. Er war zu unauffällig und wollte nichts, nur mich besuchen. Im Gegensatz zu fast allen, die uns besucht haben.

„Und die anderen", bohrte Mirek nach.

„Da gibt es einen zweiten Namen, aber da ist ein Problem." Ich spürte, wie die Blicke der Männer an meinen Lippen klebten. Ich empfand es als unangenehm, fuhr aber fort: „Der Name stimmt, der Vorname stimmt ..."

„Dann ist doch alles klar", warf Mila ein.

„Es ist ein sehr gängiger Name. Wer alles heißt nicht Novak und Jan dazu, Hunderte, Tausende von Männern."

„Aber es sind auch die Geburtsdaten veröffentlicht worden", warf Pavel ein.

„Ich weiß. In diesem Fall bin ich mir nicht sicher, oder weißt du von allen Leuten mit denen du befreundet bist, exakt das Geburtsdatum?" Die Antwort schien überflüssig zu sein. Franta stellte seinen Krug auf den Tisch. Er winkte dem Wirt, ihm ein frisches Bier zu bringen, nahm einen kräftigen Schluck, der einen Nachahmungseffekt bei allen Anwesenden auslöste: „Für mich stellt sich die Frage, ob und was die Veröffentlichung bringt?"

„So etwas dummes kann nur ein Kommunist fragen", entgegnete ihm wütend Mila und fuhr fort: „Ihr habt diese Bespitzelung ins Leben gerufen."

„So ist es auch nicht. Zumindest kann man nicht so tun, als hätte man in früheren Zeiten die Leute nicht bespitzelt", widersprach ihm Franta.

„Natürlich und wahrscheinlich ist der Beruf des Spitzels neben dem der Nutte der älteste auf der Welt", Wenzel lachte über die von ihm hergestellte Verbindung. Mit seinem Lachen steckte er die anderen an. „Stichwort Mata Hari, da haben wir beides in einer Person", ergänzte er zwischen zwei ausgiebigen Lachanfällen.

Mila war es, der am schnellsten wieder ernst wurde: „Also ich will es wissen, wer mich wie und wo bespitzelt hatte."

„Und was bringt dir das?"

„Man muss seine Feinde kennen, das habt ihr uns doch gelehrt", mischte sich Wenzel ein.

Ausnahmsweise nahm Mila Wenzel diesen Zwischeneinwand nicht übel. Er sah ihn sogar freundlich an und meinte: „Ehrlich gesagt, weiß ich es nicht. Aber vielleicht gibt mir das den inneren Frieden."

„Das ist das, was man den inneren Frieden nennt. Es gibt Menschen, die auf ihn noch warten, auf diesen inneren Frieden und auf Gerechtigkeit. Zum Beispiel Ingenieur Malý."

Ich sah Pavel an: Er und Mirek hatten den Fall mit ihrem „Verein für rechtliche Unterstützung" öffentlich gemacht, dachte ich, während ich sagte: „Das ist ein gutes Beispiel. Er wird dann gegen den einen oder anderen vorgehen können. Wenn er Glück hat, sogar vor Gericht Recht bekommen."

„Ja, aber nur, wenn es ihm gelingt aus den zahllosen Namen den einen einzigen zu identifizieren, der ihn verpfiffen hat. Du selbst hast gesagt, wie schwer es dir fällt herauszufinden, wer von denjenigen, die du in der Liste gefunden hast, dich an die Fizl verraten hat."

Ich sah Franta an und nickte ihm zu. Im selben Moment ergriff Pavel das Wort „Es ist den Versuch Wert, um zumindest den Leuten den Spiegel vors Gesicht zu halten."

„Man spaltet damit die ganze Nation", widersprach Franta.

„Welche, die tschechische oder die slowakische oder die tschechoslowakische, die ja bekanntlich ein Kunstprodukt ist?"

Mila wandte sich wieder Franta zu. Er konnte es nicht lassen, ihn zu reizen: Ihr wart es doch, welche die Nation schon Achtundvierzig spalteten und dann noch einmal Achtundsechzig. An deiner Stelle wäre ich vorsichtig mit solchen Äußerungen, Franta. Oder bist du dir hundertprozentig sicher, dass du niemanden auf der Liste kennst?"

„Ich habe es überflogen. Außerdem kann man so eine Veröffentlichung nicht als Maßstab betrachten."

„Stimmt, aber es war, wie gesagt, ein erster Versuch. Man wird Kommissionen ins Leben rufen, die sich mit solchen Fragen beschäftigen", bestätigte Wenzel.

Pavel dachte an den Prozess von Malý . Vor sich sah er die Staatsanwältin, das eine Bein über das andere geschlagen. Ihre dicken Schenkeln waren zu sehen: „Wenn die so arbeiten wie die Gerichte, dann ...“

Er wurde von Wenzel unterbrochen: „Wir wollten es doch anders machen, als die Kommunisten. Unser Motto ist nicht das der Rache.“

„Ich habe weder die Achtundvierziger noch die Achtundsechziger Revolution erlebt. Trotzdem bin ich skeptisch, dass dies der richtige Weg ist.“

Kapitel 26

In der Dunkelheit liegend, tastete Manfred neben sich. Die flache Hand fühlte das kühle straffe Laken. Sie ist also noch nicht da. Es muss doch schon spät sein. Die Finger lösten sich vom Laken. Der Oberkörper streckte sich ein wenig, dann griffen die Finger nach dem Wecker: Die leuchtenden Ziffern zeigten 3.45 Uhr in der Früh. Manfred zuckte zusammen: Er war gestern mit dem letzten Zug, um 23.15 Uhr angekommen. Mit seinem außerturnusgemäßen Kommen hatte er Klara überraschen wollen. Als sie nicht zu Hause war und auch nicht heimkam, hatte er sich schlafen gelegt. Jetzt war er hell wach: So lange dauert keine Versammlung, war sein erster Gedanke. Vielleicht ist ihr irgendetwas zugestoßen. Er müsste einen ihrer Freunde anrufen. Manfred seufzte tief: Er kannte sie nicht. Eigentlich wusste er über sie so wenig. Man lernte jemanden wohl auch nicht kennen, wenn man ihn nur alle paar Wochen sah und in Eile versuchte, seinen Hormonhaushalt wieder in Ordnung zu bringen. Über diesen Gedanken erschrak Manfred: War es wirklich nur das für ihn und für sie? Mechanisch nahm er seinen Penis in die Hand. Er wollte nicht steif werden. Die Finger lösten sich wieder von dem samtigen Stückchen Fleisch, das jedem Mann nicht nur das Gefühl gibt, ein Mann zu sein, es macht erst einen Mann aus ihm. Ist es ein anderer, den sie jetzt in ihren Fingern hält oder gar im Mund hat? Manfred spürte, wie ihm schwindlig wurde. Er stand auf, ging zum Kühlschrank, goss sich einen großen Whisky ein. Dann zog er sich Hose und Hemd an und setzte sich mit der Flasche in der Hand in einen Sessel, um hier auf Klara zu warten. Fast zwei Stunden später war er volltrunken wieder eingeschlafen.

*

Ob jetzt seine Ehe in die Brüche geht, diese Frage stellte sich Klara, den neben ihr schlafenden Wenzel betrachtend. Nur, wenn sie es nicht sofort beendete. Sie würde es aber beenden. Auf keinen Fall wollte sie, dass ihretwegen eine Ehe in die Brüche ging. Sie sah noch einmal den großen dicken Körper an. Sie lächelte ein wenig und während ihre Hand ansetzte, ihn zu streicheln, wurde sie unmittelbar vor dem Bauchnabel angehalten: Wenn ich es jetzt tue, wacht er auf. Nein, das will ich nicht. Die Beine rollten sich zur Seite. Sie verließ das Bett. Auf den Zehenspitzen sammelte sie ihre Kleider auf. Nach einigen Minuten verließ sie die im ersten Stock gelegene Wohnung.

Klara ging die Treppe hinunter bis in den Keller. Durch die Tür kam sie in den großen Innenhof. In den sechziger Jahren war er durch den Zusammenschluss der einzelnen kleinen Höfe entstanden und zu einem großen Garten umgebaut worden. Sie überquerte ihn, schräg gegenüber stand das Haus, in dem sie wohnte. Klara ging eine Treppe hinauf, dort nahm sie den hier endenden Aufzug. Während sie die Wohnungstür öffnete, sah sie den eingeschlafenen Manfred. Unausgeschlafen, wie sie nach der mit Wenzel verbrachten Nacht war, wurde sie ärgerlich: Jetzt kommt er auch schon unangemeldet. Womöglich will er von mir noch Rechenschaft haben, wo ich war. Das ist der Höhepunkt. Wieder auf Zehenspitzen ging sie ins Bad und ließ sich Wasser in die Badewanne ein. Sie legte sich in die Wanne und versuchte sich zu entspannen und gleichzeitig nachzudenken. Schnell sah sie ein, dass beides unvereinbar war und konzentrierte sich nur auf ihre eigene Situation. Müde und ärgerlich wie sie jetzt war, fiel ihr keine befriedigende Lösung ihrer Lage ein.

Kurz bevor sie die Wohnung wieder verließ, überlegte sie, Manfred einen Zettel mit einer Nachricht zu schreiben. Sie hielt den Füller bereits in der Hand. Doch alles, was sie hätte schreiben können, gefiel ihr nicht. Das Blatt blieb leer mitten auf dem Tisch liegen.

*

Als Manfred gegen Mittag aufgewacht war, spürte er einen starken Schmerz, als würde jemand mit einem kleinen Hammer kleine Nägel in seine Stirn hineinschlagen. Er stand auf, sah sich um, dann fiel ihm die letzte Nacht ein. Während Manfred durch die kleine Wohnung ging, glaubte er zu wissen, dass Klara zwischenzeitlich hier gewesen ist. Er konnte sich dieses Gefühl nicht erklären. Er suchte nach einem Beweis, doch er konnte ihn noch nicht finden. Manfred setzte sich wieder in den Sessel und versuchte darüber nachzudenken, was er jetzt machen sollte. Kurze Zeit später wählte er Klaras Büronummer. Statt ihr meldete sich die Sekretärin, Manfred hängte wieder ein. Er konnte kein Tschechisch. Er betrachtete die fast leere Whiskyflasche und überlegte kurz, noch ein Schluck zu nehmen. Er schraubte die Flasche auf und trank. Das Zeug schmeckt widerlich, ekelte sich Manfred. Er schraubte die Flasche wieder zu und um nicht noch einmal in Versuchung zu kommen, stellte er sie in den Kühlschrank.

Aus seinen Erinnerungen versuchte Manfred die erste Begegnung mit Klara und ihre erste gemeinsame Nacht, hervorzuholen. Im Cafe Slavia hatte er sie gesehen. Sie saß an einem kleinen Tisch in der Ecke und las in einem Buch. Eine Zeitlang hatte er sie betrachtet. Ihre extrem schmale, fast schon knabenhafte Figur war es, die ihn damals so faszinierte. Auch jetzt lief es ihm bei dem Gedanken an sie vor Aufregung kalt über den Rücken. Ja, er wollte sie haben, damals wie auch jetzt, einfach besitzen. Er war bereit, dafür zu zahlen, damals wie heute. Er würde den Mann finden, in dessen Armen sie die letzte Nacht verbracht hatte. Er würde sie frei kaufen. Diesen Gedanken fand Manfred genial. Er gab ihm einen Teil seines Selbstvertrauens wieder. Im Sessel sitzend nahm Manfred fast schon eine stramme Haltung an. Manfred sah sich in der Rolle von Klaras Retter. Sie war sicher nicht freiwillig weggegangen. Ein fremder Mann hatte sie mit Sicherheit gezwungen, ihm willig zu sein. Er dachte, dass es wohl schwer sein würde, diesen Mann zu finden, doch umso mehr reizte ihn diese Aufgabe. In den kommenden Stunden nahm sie seine Gedanken voll in Beschlag.

*

Die Idee einer gemeinsamen liberalen Zeitung beschäftigte Mila sehr. Vielleicht gerade deswegen, weil er grundsätzlich dagegen war. Da er sich aber auf keinen Fall dem Vorwurf seiner Parteifreunde aussetzen wollte, sie über die stattgefundene Besprechung nicht informiert zu haben, rief er die Vorstandsmitglieder der Partei nacheinander persönlich an. Es waren taktische Überlegungen, die ihn zu dieser Handlung bewegten. Am Telefon, wenn schon nicht unter vier Augen, konnte er jedem Einzelnen seine negative Meinung darstellen und jedes Mitglied besser überzeugen. Wenn er seine Argumente vor dem versammelten Vorstand darlegen würde, bestand die Gefahr, dass sich der Vorstand gegen seine Argumente aussprechen könnte.

Das Klingeln des Telefons passte in Manfreds Gedanken. Er stand auf, nahm den Hörer ab.

„Klara", sagte eine männliche Stimme am anderen Ende der Leitung. Jetzt habe ich ihn, nur ruhig bleiben, befahl sich Manfred und entgegnete auf Deutsch:„Hier ist Manfred, wer sind Sie?"

Mila, dem Mucha einfiel, überlegte kurz, den Hörer wieder aufzulegen. Diese kurze Zeitspanne des Schweigens deutete Manfred auf seine Weise: „Prima, dass Sie sich melden. Wir wollten uns sowieso treffen. Ich schlage vor, gleich um halb Fünf in Slavie?"

„Ja", antwortete Mila. Er war froh, dass er sich mit Manfred nicht wieder „Bei den Malern" treffen musste.

*

„Wissen Sie, uns Männer verbindet eines", begann Manfred das Gespräch. Er unterbrach sich, sah Mila an. Dessen verwundertes Gesicht legte er als Milas schlechtes Gewissen aus und fuhr fort: „Wir müssen nicht lange um den heißen Brei herumreden."

„Ja, Sie haben recht, also ich muss zugeben ..." In diesem Moment legte ihm Manfred kameradschaftlich den linken Arm um die Schultern. Milas Körper wehrte sich ein wenig gegen diese ungewohnte Umarmung. Er presste die Schultern so eng zusammen, als wollte er eine Rolle vorwärts machen.

„Mein Freund", bei dieser Anrede zuckten Milas Schultern in der Umklammerung, was Manfred in seinem Sinne auslegte. Er sprach weiter in einem fast väterlichen Ton: „Jeder von uns kommt mal in die Lage. Ich verstehe das. Oder glauben Sie, mir ist es noch nie so gegangen?" Manfred erwartete keine Antwort: „Aber natürlich und jetzt müssen wir die ganze Sache zusammen wie zwei alte Kumpel durchziehen." Manfred beugte sich über die Sachertorte und begann mit dem kleinen Löffel die Sahne von ihr herunter zu löffeln. Sein Schmatzen störte Mila fast noch mehr, als die dabei entstehenden Geräusche der dicken Zunge, welche die Sahne auf sich zergehen ließ. Diese fast schon zwanghafte Beobachtung nahm so sehr seine ganzen Sinne in Beschlag, dass er zum Sprechen keine Kraft mehr fand. Als vor Manfred nur noch das schwarze Schokoladenstückchen der Dekoration lag, stöhnte Mila erleichtert, fälschlicher Weise hoffend, jetzt würde Manfreds Mund verstummen. Dieser aber setzte mit derselben Intensität und damit auch Lautstärke das Essen fort.

„Nein, nicht doch ..."

Manfred sah Mila erstaunt an, unterbrach aber das Kauen nicht und begann zu sprechen: Wir Männer werden uns immer einig. Wir wissen doch wie der Hase läuft, nicht wahr?"

Mila nickte und Manfred sprach weiter: „Ich biete ihnen ganz ehrlich meine Freundschaft an". Während er sagte: „Also ich bin Manfred", streckte er Mila die Hand entgegen.

„Mila."

„Also Mila, jetzt zum geschäftlichen Teil. Wieviel wollen Sie?"

Mila rührte schweigend eine Zeitlang in seiner kleinen Tasse mit dem türkischen Kaffee. Erst als er das Gefühl hatte, er müsse doch etwas sagen meinte er: „Ich weiß nicht genau."

„Ich weiß. Nicht jeder von uns ist ein geborener Geschäftsmann. Ich
bin es." Manfred lachte laut über diesen Witz, dann fügte er hinzu:
„Wie wäre es mit Zehntausend Mark?"

„Also, ich weiß wirklich nicht. Ich habe mich zwar schon ein wenig
kundig gemacht, aber eine genaue Summe zu nennen, das kann ich
nicht."

„Ich verstehe Sie. Natürlich verstehe ich Sie. Wir können auch über
mehr reden. Sagen wir dreizehn?"

Auf dem Weg zu Klaras Wohnung kaufte Manfred zwanzig rote
Rosen und eine Flasche echten französischen Champagner, obwohl
er persönlich lieber Krimsekt trank. Diesen stellte er in den Kühlschrank und die Blumen in eine Vase. Mit sich zufrieden setzte er
sich in den Sessel, in dem er bereits die Morgenstunden verbracht
hatte. Manfred lehnte sich zurück und während er überlegte, was
und wie er es Klara sagen würde, hörte er zuerst eher beiläufig, dann
aber immer aufmerksamer die Aufzugsgeräusche. Umso länger er da
saß, umso mehr hoffte er, dass der Aufzug jetzt bis ganz nach oben
kommen wird.

Doch dieser blieb in einem der unteren Stockwerke stehen. Ab dem
dritten Stock hörte Manfred das Zuschlagen der Aufzugstüren, das
Öffnen und wieder das Zufallen der Wohnungstür.

Während er zuerst überhaupt nicht auf die Uhr sah, tat er dies ab
18:48 Uhr in stets kürzeren Abständen. Gegen 21.30 Uhr bemerkte
er, dass ihm das linke Bein eingeschlafen war. Er begann es zu reiben,
stand auf und hüpfte in der kleinen Wohnung hin und her, bis er
vor dem Kühlschrank anlangte. Jetzt fiel ihm ein, dass er noch gar
nicht zu Abend gegessen hatte. Mechanisch öffnete er die Tür, sah die
Champagnerflasche, nahm sie heraus und trank sie aus, noch während die Kühlschranktür halb offen stand. Angenehme Wärme breitete sich in seinem Körper aus. Mit ein wenig unsicheren Schritten
verließ Manfred die Küche, dann sah er das Bett. So wie er war legte
er sich drauf und war sofort eingeschlafen.

Es ist gut so, war Klaras erster Gedanke als sie kurze Zeit später Manfred sah. Sie zog sich rasch aus. Um ihn ja nicht zu wecken. legte sie sich auf das äußerste Ende des Bettes. Als sie am kommenden Morgen die Wohnung verließ, schlief Manfred noch: Vielleicht sollte ich einfach das Schloss auswechseln lassen sagte sich Klara, während sie extrem leise die Wohnungstür wieder hinter sich zuzog.

Kapitel 27

Zwar stellte sich Mila die Frage, warum ihm Manfred jetzt ganze dreizehntausend Mark anbot, jedoch nur ganz kurz, um sie dann schnell wieder zu vergessen. Vor ein paar Wochen wollte doch Manfred von ihm seinen Anteil an dem Abendessen „Bei den Malern". Wahrscheinlich ist es so im Westen üblich, dass man vorauszahlt, sagte sich Mila. Er nahm sich vor, jetzt intensiv ein Mucha-Gemälde zu suchen und überlegte, wen er ansprechen könnte. Abgesehen von dem einen Mann aus der „Partei des kommenden Jahrhunderts", den er aber nicht einmal kannte, fiel ihm niemand ein.

„Ich habe gehört, bei Ihnen gibt es jemanden, der sich in Bildern auskennt", sagte er ein wenig zaghaft ins Telefon.
Als ihm darauf eine männlichen Stimme antwortete: „Das bin ich", war er mehr als überrascht.
„Wissen Sie, ich suche einen Mucha", erklärte er jetzt ein wenig mutiger und daher lauter.
Durchs Telefon hörte Mila, wie sich der Mann am anderen Ende der Leitung eine Zigarette anzündete. Mechanisch nahm auch er die Streichhölzer in die Hand, zog die Zigarettenschachtel aus der Sakkotasche, klemmte den Höher zwischen Ohr und die Schulter. Während er das Streichholz anzündete, hörte er die Stimme am andere Ende sagen: „Mucha? Warum ausgerechnet er? Ist doch zu teuer."
„Ein Auftrag, für einen Kunden", Mila unterbrach sich, zündete die Zigarette an, dann ergänzte er: „Aus dem Westen, natürlich."
„Natürlich", wiederholte Honza, ein wenig ironisch.
Mila, dem der Tonfall nicht auffiel, sprach weiter: „Wie gesagt, ich bin gebeten worden einen Mucha zu besorgen."

„Egal, was für einen?"

„Gibt es da Unterschiede?"

„Mensch, Sie haben wohl keine Ahnung", sagte Honza ein wenig ärgerlich. Er fand es grundsätzlich unter seiner Würde sich mit Laien über Malerei zu unterhalten.

Mila war unschlüssig, ob er über diese Feststellung empört sein sollte. Obwohl die Bemerkung der Wahrheit entsprach, empfand er sie als eine Beleidigung. Er zog an seiner Sparta und schwieg.

„Sind Sie noch da?"

„Wie gesagt, ich habe da einen Auftrag", wiederholte Mila.

„Das ist schön und gut. Das habe ich verstanden, aber ich muss wissen, was für einen Mucha sie haben wollen."

Auf keinen Fall wollte Mila noch einmal seine Unkenntnis über Muchas Werk zugeben. Er stand am Fenster und während er versuchte schnell zu überlegen, was er sagen sollte, fiel ihm eine vorbeigehende junge Frau auf: „Am besten wäre eine seiner Schönheiten, eine mit langen welligen Haaren und üppigen Brüsten."

Mila hörte das Lachen am anderen Ende der Telefonleitung. Kurz erwog er aufzuhängen, dann lachte er mit.

„Ich verstehe schon, was Sie haben wollen. Es wird nicht einfach sein, die Schönheiten sind immer besonders teuer, wie im echten Leben. Es lässt sich aber machen. Wie war ihr Name?"

„Können wir uns nicht erst einmal persönlich kennen lernen", fragte Mila.

„Wollen Sie mich oder ein Gemälde von Mucha?"

„Mucha"

„Also, wenn ich etwas habe, rufe ich Sie an, aber dafür brauche ich noch Ihre Daten."

*

Zur selben Zeit wachte Manfred auf. Er sah das neben sich zerknitterte Laken. Während er sich fragte: Wieso, fiel ihm der gestrige Tag und Abend ein. Schade, dass ich sie nicht gesehen habe. Immerhin hat das Geld seine Wirkung getan und sie ist nach Hause gekommen. Erleichtert sah Manfred auf die Uhr: Wenn ich mich beeile, schaffe ich noch den Mittagszug nach Nürnberg und komme pünktlich zu meinem Termin.

*

Manfred stand an der U-Bahn-Haltestelle. Ich überlegte kurz, auf ihn zuzugehen, machte bereits einige Schritte in seine Richtung. Ich sah ihn an, doch Manfred schien mich nicht wieder zu erkennen. Also nicht, sagte ich mir und stieg in ein anderes Abteil des gerade einfahrenden Zuges. Von „Mustek" eilte ich den gewohnten Weg in Wenzels Zimmer im Bürgerforum. Ich traf ihn wie stets telefonierend hinter dem überfüllten Schreibtisch an.

Mit der freien linken Hand winkte er mir, sich auf einen der Stühle zu setzen, die alle mit Stapeln von Büchern und Zeitschriften bedeckt waren. Ich blieb stehen. Während ich Wenzels Englisch zuhörte, nahm ich von einem der Stühle die ganz oben liegende Zeitung in die Hand und las die fett gedruckte Überschrift auf der ersten Seite: „Slowaken fördern Föderalisierung des Staates." Meine Augen senkten sich ein wenig: Auf der gestrigen Pressekonferenz in Preßburg wurde die Forderung nach einer völligen Gleichstellung der beiden Nationen nicht nur in der Verwaltung, Schule und dem öffentlichen Leben laut. Die Vertreter der slowakischen Parteien haben mit einer bewusst nationalen Tonart die Schaffung zweier unabhängiger Parlamente gefordert.
Wie lange hatten die Slowaken dies schon gewollt, ohne von Prag ein Zugeständnis zu erreichen? Ein wenig unsicher las ich das Erscheinungsdatum der Zeitung. Sie war von gestern.

„Hast Du es schon gelesen?" Erst nachdem ich ihn gefragt habe, blickte ich hoch. Wenzel telefonierte immer noch. Als er den Hörer aufgelegt hatte, wiederholte ich meine Frage. Wenzel nickte.

„Und was wollt ihr denn machen?"

„Ich persönlich nehme es nicht so ernst."

„Jemand muss doch mit diesen Männern sprechen", insistierte ich.

„Das tun wir schon, aber wir können doch nicht zulassen, dass womöglich wegen ein paar slowakischen Spinnern der Staat auseinander fällt."

„Ihr müsst mit den Slowaken reden", wiederholte ich und fuhr fort: „Ihr müsst euch auch untereinander einigen."

Wenzel fiel Klaras weißer Körper ein. Er schüttelte den Kopf.

„Wieso geht es nicht?"

Wenzel, der fast nie ärgerlich wurde war es jetzt: „Ich weiß es und damit basta."

Ich aber wollte noch nicht nachgeben: „Ihr baut darauf, die größte Gruppierung zu sein."

„Sind wir auch", aus Wenzels Stimme klang Genugtuung.

Ich dachte an mein letztes Gespräch mit Lutz: „Auch Politik ist ein echtes Geschäft. Ohne Geld ist sie nicht zu machen."

Wenzel lachte: „Darauf habe ich gewartet und nicht nur ich. Jemand wie du kommt aus dem Westen und erzählt uns, wie wir Politik zu machen haben. Wir haben Erfahrungen, sogar jahrzehntelange damit, wie man Politik macht."

Das Telefon klingelte. Wenzel nahm den Hörer ab und begann auf Deutsch über die letzte Pressekonferenz zu berichten.

Ich biss die Zähne zusammen. Das war es. Immer wieder hatte man mich spüren lassen, dass ich eine Emigrantin war. So deutlich wie es mir jetzt Wenzel sagte, hatte ich es aber noch nie gehört. Nein, ich hatte es nie bereut, damals Prag verlassen zu haben, auch jetzt nicht. Das Einzige, was ich jetzt wollte war meine politischen Erfahrungen weiterzugeben. Dass man nicht auf mich hörte, schmerzte mich sehr.

Wenzel legte den Hörer wieder auf. Es sah mich lächelnd an: „Es ist nicht so, als hätten wir keine Kontakte. Zu unserer nächsten Pressekonferenz wird auch Herr K. kommen."

„Hoffentlich klappt dann alles", stellte ich fest, als ich den Namen von Lutz hörte.

„Aber natürlich, was sollte nicht klappen?"

Nein, ich wollte nicht wieder predigen oder meine Befürchtungen zum Ausdruck bringen.

„Wir sehen uns heute Abend?" Wenzel griff erneut nach dem Hörer. Ich schüttelte den Kopf und verließ Wenzels Büro, ohne ihn noch einmal anzusehen. Beim Hinausgehen fiel mir auf, dass die große Halle längst nicht mehr so voller Menschen war, wie noch vor ein paar Monaten. Zwar hingen noch große Transparente an der Hauswand, doch man hörte die Stimme des letzten Parteivorsitzenden der Kommunistischen Partei der Tschechoslowakei nicht mehr. Die Lautsprecher waren abgebaut worden.

Die Normalität begann. In ihr war kein Platz für Träumer.

Kapitel 28

Als ich vor ein paar Wochen gefragt wurde, ob ich zu einer Veranstaltung einer der liberalen Gruppierungen gehen würde, hatte ich, ohne zu zögern „Ja" gesagt.

Meine Zusage hatte mehrere Gründe, die alle sachlicher Natur waren. Außer einem, ich war einfach auf die Akteure neugierig.

Dass die Veranstaltung in einem Restaurant stattfinden sollte, wunderte mich nicht.

Die Tschechen hatten ein ganz besonderes Verhältnis zu diesem Ort. Ähnlich wie eine Kneipe, ist es für sie vor allem ein Ort, an dem man sich trifft, um miteinander zu reden. Die Kommunikation war so gut wie das Essen. Ein Grund wohl, dass man in Böhmen fast überall gut essen kann. Und der Unterschied zwischen einem Restaurant und einer Kneipe? Ganz einfach. In Restaurants spielt sich alles auf einem höheren Niveau ab. Es gibt meist keinen Ausschank, wo man, wie in einer gewöhnlichen Kneipe, sein Bier im Stehen trinken kann. Die Tischdecken sind weiß und sauber, der Speiseraum nicht so verraucht. Das Essen ist nicht immer besser, doch man bekommt Stoffservietten.

Das alles hatte ich erwartet. Doch als ich vor dem vornehm wirkenden Eingang stand, sagte ich mir, dass ich mich entweder in der Adresse geirrt hatte, oder es eine größere Angelegenheit sein würde. Ein wenig unschlüssig trat ich in den bereits vollen Raum. Während ich eines der wenigen mir bekannten Gesichter suchte, blieben meine Augen an den mit Speisen überfüllten Tischen haften. So etwas hatte ich auf keinen Fall erwartet. Mechanisch trat ich einen Schritt in Richtung Ausgang.

„Schön, dass Sie gekommen sind."

Ich drehte mich nach der weiblichen Stimme um. Die zierliche blonde Frau W., die als Geschäftsführerin fungierte, lachte mir entgegen. Sie nahm mich bei der Hand, als wäre ich ein kleines Mädchen, das man führen muss. Mit einer, für ihre Figur überraschend lauten und starken Stimme, rief sie in den Raum: „Unser Ehrengast ist gekommen, das Büfett ist eröffnet."

Doch niemand erhob sich. In der plötzlich entstandenen Stille, blickten mich alle an.

Nicht wissend, wie ich reagieren sollte, senkte ich ein wenig den Kopf. Jetzt kam der Vorsitzende zu mir. Der kleine, fast schon schmächtig wirkende Mann begrüßte mich, als wäre ich eine alte Freundin, dann führe er mich zum Büfett. Während ich die mit verschiedenen Sorten von Schinken, Käse aber auch Kaviar bedeckten Platten betrachtete, um dann von jeder Platte ein wenig auf den Teller zu nehmen, fragte ich mich, woher diese Leute das Geld für eine solche Festlichkeit haben konnten. Den ganzen Abend über, währenddessen über Politik fast nicht gesprochen wurde, fand ich darauf keine Antwort. Ich hatte aber verstanden, dass es eine gezielte Methode war, über das Kulinarische Mitgliederwerbung zu betreiben.

*

Während ich die Köstlichkeiten genoss, standen die Männer im Ausschank „Beim heiligen Wenzel" und aßen die knusprig gerösteten Brote. Der Belag, eine Mischung aus Knoblauch und Schmalz, schmeckte ihnen. Er war Grund und Voraussetzung dafür, dass sie noch mehr Bier vertrugen als sonst.

Der bucklige Wirt hatte zu tun, die leeren Krüge nachzufüllen. Damit das Bier den gewünschten Geschmack bekam, musste es in mehreren einander folgenden Schritten angezapft werden. Franta fragte, wo ich blieb und als ihm Wenzel sagte, ich hätte etwas anderes vor, meinte Franta: „Unser Herr Politiker weiß inzwischen auch über das

Privatleben der Frauen Bescheid. Gehört das in deinen Zuständigkeitsbereich im Bürgerforum?"

Sieben an der Theke stehende Männer lachten. Wenzel, dem bei dieser Anspielung Klara einfiel, dachte: Vielleicht ist es gar nicht so schlecht, dass Franta sie im Auge behält. Das kann ich auf jeden Fall auch zu Hause erklären.

„Was ist los? Du verstehst doch sonst jeden Spaß." Franta klopfte Wenzel freundschaftlich auf die Schulter.

Pavel glaubte, Wenzel in Schutz nehmen zu müssen: Gott sei Dank ist es nicht mehr so, wie zu eurer Zeit. Um an politisch brisantes Material heranzukommen hatte die Partei sich nicht davor gescheut, fremde Leute miteinander ins Bett gehen zu lassen."

Franta lachte wieder: „Schön hast du das gesagt. Du musst aber zugeben, dass es eine äußerst angenehme Art war."

Das laute Gelächter der Anwesenden unterbrach der Wirt: „Noch Brot?" Ohne auf eine Antwort zu warten, stellte er mehrere, nach Knoblauch duftende und noch warme Brote mitten auf den Tisch.

Mirek nahm eins, biss hinein, schmatzte genüsslich, dann meinte er: „Ich gehe davon aus, auch die jetzigen Herren werden von dieser Methode Gebrauch machen. Sie ist abgesehen von dem persönlichen Genuss, der unbestritten ist, sehr wirksam."

„Ihr habt doch nicht im Ernst geglaubt, dass solche Institutionen wie es der Geheimdienst eines Staates ist, tatsächlich aufhören zu existieren. Die Methoden bleiben die gleichen."

Mirek sah Franta an: „Du kannst uns für naiv halten, aber das hatten wir gehofft."

„Und wer sollte stattdessen den Staat schützen?"

In den letzten Wochen hatte Pavel beobachten können, wie wenig sich letztlich im gesamten gesellschaftlichen und politischen Leben geändert hatte. Er trat ärgerlich von einem Bein auf das andere: „Es gibt doch keinen Feind mehr, also brauchen wir solch eine Organisation gar nicht."

„Aber eure Kommission, die brauchen wir dringend." Franta`s ironischer Ton fiel allen auf. Außer Pavel hatte aber keiner der Männer Lust, mit ihm zu streiten: „Ja, uns braucht man tatsächlich. Man wird uns noch lange brauchen, und selbst wenn man versucht uns mundtot zu machen. Wir sind nämlich euer schlechtes Gewissen."

„Mich betrifft das nicht. Ich habe eine reine Weste", rechtfertigte sich Franta.

„Das sagen alle, die ich kenne", entgegnete ihm Mirek und fügte hinzu: „Es ist immer so und war auch so in jedem Regime. Jeder war nur ein Befehlsempfänger."

„Ihr werdet richtig philosophisch. Das ist mir jetzt zu viel. Ich gehe nach Hause", sagte Wenzel, leerte seinen Krug und verließ die Kneipe.

„Außerdem glaube ich dir nicht so ganz, dass du eine völlig andere Meinung hast als ich. Die Ladung zum Prozess mit Herrn Malý ist gekommen. Er ist in vier Wochen. Ich denke du wirst wieder mitkommen."

Kapitel 29

Klara stand vor dem kleinen runden Tisch in ihrer Wohnung. Sie betrachtete die inzwischen welk gewordenen Rosen und zählte die Tage seit Manfreds Abreise. Sie konnte sich nicht erinnern, eine ganze Woche nichts von ihm gehört zu haben. Ja, sie war froh darüber, dass er abgefahren war, ohne eine einzige Zeile und nur die roten Rosen zu hinterlassen. Es war romantisch. Ein letzter Gruß des enttäuschten Liebhabers.

Wie in einem Roman, dachte sie, während sie fast mechanisch den Hörer abnahm.

„Sie werden verbunden, warten Sie", sagte eine weibliche Stimme am anderen Ende der Leitung.

Es gibt ihn also noch. Ich könnte noch auflegen.

Im selben Moment hörte Klara Manfreds Stimme: „Schön, dass du da bist, Liebstes."

Als sie nicht antwortete, rief er in den Hörer: „Hallo!"

„Ja, ich bin da."

„Schön, ich wollte dir sagen ..."

Die Leitung wurde unterbrochen, Klara legte auf. Um nicht noch einmal ans Telefon gehen zu müssen, nahm sie den Höher ab, wählte drei Ziffern, dann legte sie den Hörer unter ein Kissen. Sie setzte sich in einen Sessel und zwang sich darüber nachzudenken, was sie mit ihren Männerbeziehungen machen sollte. Natürlich würde es nicht einfach sein, Wenzel klar zu machen, dass diese eine Nacht mit ihr ein Ausrutscher war, der sich nicht wiederholen durfte. Er wird es nicht verstehen. Kein Mann würde es verstehen. Sie wollen nur das Eine. Jede Frau weiß das. Wenn man sich einmal mit einem eingelassen hatte, konnte man ihm schlecht sagen, man wolle nicht mehr.

Jeder Mann wäre beleidigt und wahrscheinlich mit Recht. Er würde denken, er hätte als Liebhaber versagt. Das wollten die Männer nicht. Kein Mann wolle in den Augen einer Frau wie ein Versager aussehen. Auch die Männer nicht, die sagen, für sie gebe es viel Wichtigeres, zum Beispiel die Politik. Sollte sie ihm sagen, sie konnte es Manfred nicht antun? Das würde er ihr nie glauben. Zu genau wusste er, warum sie diese Beziehung eingegangen war. Sie kann ihm auch nicht vormachen, er sei nicht ihr Typ. Er würde dann lachen und fragen, ob etwa Manfred ihr Typ sei? Wissend, warum sie sich vor Jahren für Manfred und nicht für ihn entschlossen hatte. Jetzt war die Situation eine andere, Wenzel bekleidete eines der höchsten Staatsämter, fuhr einen BMW. Nein, rief Klara laut. Um ihre Gedanken zu unterbrechen, beschloss sie, ins Bett zu gehen.

In dem breiten Bett schlief sie sofort ein. Sie träumte davon, dass ein großer bärtiger Mann bei ihr an der Tür klingelt, sich als der Maler Mucha vorstellt und sie bittet, ihm ihrer Schönheit wegen als Modell zu sitzen. Sie empfand es als eine Ehre von dem berühmten Maler angesprochen zu werden und willigte ein.

Plötzlich konnte sie das fertige Gemälde sehen. Es sollte in Afrika in einem Harem aufgehängt werden. Sie sah sich mit dem Gemälde in der Hand ein Schiff verlassen. Am Hafen stand ein Mann der rief: Ich nehme nur die Frau, das Bild will ich nicht. Sie hörte sein Lachen, es machte ihr Angst. Sie versuchte dem Mann ins Gesicht zu sehen. Es war das von Mila. Schweißgebadet wachte Klara auf. In der Dunkelheit sah sie um sich. Zum ersten Mal im Leben bereute sie, alleine zu wohnen.

Als Klara am kommenden Morgen Milas Stimme am Telefon hörte, fiel ihr der Traum wieder ein. Sie zuckte zusammen.

„Wir beide müssen uns über das Programm für die Gäste aus Bonn unterhalten."

Klara, noch mit ihrem Traum beschäftigt, sah Mila am Hafen stehen. Obwohl sie sich wunderte, wo er dort ein Telefon fand, fragte sie: „Welches Programm?"

„Hat dir Manfred nichts erzählt?"

Klara verneinte.

„Dann sehe ich schlecht aus. Ich dachte, du kannst mir weiter helfen, also bis dann." Mila legte auf.

Klara atmete erleichtert durch. Das Telefon klingelte wieder: „Was gibt's noch?"

„War es die Konkurrenz?"

„Auch das noch", sagte sich Klara, als sie Wenzels Stimme erkannte.

„Natürlich", antwortete sie, um Wenzel ein wenig zu ärgern.

„Ich bin nicht eifersüchtig, versprochen." Sie hörte, wie er jemanden in seinem Zimmer erklärte, er würde gleich zurückrufen. Dann war seine Stimme wieder deutlich zu hören: „Heute Abend ist eine Sitzung ausgefallen. Ich könnte zu dir kommen."

„Nein", hörte sich Klara sagen.

Einige Augenblicke herrschte Stille und Klara hörte nur Wenzels lautes Atmen. Dann sagte er mit einer unsicheren Stimme: „Warum nicht? Manfred ist doch nicht da, oder gibt es noch einen dritten?"

„Nein", wiederholte Klara.

„Dann gibt es doch keinen Grund, also ich komme."

„Nein, verstehst du mich nicht oder willst du es nicht?" Klara hängte ein. Sie sah um sich, als wollte sie nach einem Kissen suchen, um es wie zu Hause über den Hörer zu legen. Sie wusste, sie dürfte es im Amt nicht tun, auch wenn sie eines hier hätte.

*

Mila saß auf seinem hölzernen Stuhl hinter dem mit Büchern, Zeitschriften, aber auch voll beschriebenen Blättern überfüllten Schreibtisch. Er bemühte sich, ein Programm für die Gäste aus Bonn zusammen zu stellen. Am ersten Abend in die Oper, Nationaltheater, was anderes kommt nicht in Frage. Hoffentlich ist auch eine Oper auf dem Spielplan, dann zum Abendessen „Bei den Malern". Mila, der das gemeinsame Abendessen mit Manfred nicht vergessen konnte, wurde ein wenig schwindlig. Doch er zwang sich, nicht aufzustehen und das Fenster zu öffnen, sondern weiter sitzen zu bleiben, zu denken und zu schreiben: Am zweiten Abend, nicht schon wieder Oper, Laterna Magika, wenn sie nicht gerade auf Tournee ist, was eigentlich immer der Fall ist.

Abendessen – Mila hob den Kopf: Es hat keinen Sinn, weder weiß ich, wer genau kommt, noch habe ich für irgendeine Bewirtung oder Oper das Geld.

Das letzte Treffen mit Manfred fiel ihm ein: Es war eine merkwürdige Begegnung. Dreizehntausend Mark hatte er ihm versprochen. Vielleicht bringt sie dieser Mann aus Bonn mit. Aber damit habe ich noch lange kein Geld, um zuvor die Theaterkarten zu zahlen. Also fange ich an das Programm von der anderen Seite zu gestalten. Mila senkte wieder den Kopf und schrieb:

Vormittag – Teilnahme an einer Pressekonferenz der Partei – alle Journalisten einladen;

Nachmittag – Gespräch mit dem Parteivorstand über die weitere Strategie.

Ja, so ist es gut, sagte sich Mila und lehnte sich so weit zurück, dass das Holz quietschte.

An diesem Abend wollte Klara nicht nach Hause gehen. Sie überlegte, in der Kneipe „Beim heiligen Wenzel" vorbeizuschauen. Aus Befürchtung, sie könnte hier Wenzel begegnen, entschloss sie sich aber, ins Kino zu gehen. Sie war keine große Kennerin der Kinoszene und war immer nur dann ins Kino gegangen, wenn ein Western gezeigt wurde. Dies geschah bis 1989 sehr selten, weil alle Filme aus dem kapitalistischen Westen erst dann gezeigt werden durften, wenn sie eine hierfür zuständige Kommission als unbedenklich eingestuft hatte. Die für die Beurteilung der Filme eingesetzte Kommission hatte ihre Aufgabe sehr ernst genommen. Für das sozialistische Volk hielt sie nur ausgewählte Streifen für moralisch und gesellschaftlich unbedenklich. Nachdem mit dem Regime auch die Aufgabe der Kommission überflüssig geworden war, konnte man in der Tschechoslowakei alle Filme aus dem Westen sehen. Sie überfluteten wie auch die bis dahin verbotenen Zeitungen und Zeitschriften den Markt. Die Mehrzahl der Bürger machte dies alles mehr ratlos als glücklich. Klara bildete hierbei keine Ausnahme. Zu ihrem nicht gerade ausgeprägten Interesse am Kino kam noch der Zeitfaktor. Seit November 1989 hatte sie im Gegensatz zu früher eigentlich keine Freizeit. So war ihr Entschluss, heute ins Kino zu gehen etwas, was sie sich quasi gönnte.

Jetzt saß sie in der zehnten Reihe des fast vollen Kinos „Kijev". Vor ihr auf der Leinwand ritt in der afrikanischen Landschaft Robert Redford, den sie zum ersten Mal auf der Leinwand sah. Wie Millionen Frauen vor ihr, wurde sie von seiner Männlichkeit verzaubert. Die Begegnung mit diesem Leinwandhelden bestärkte sie sowohl in ihrem Vorhaben, mit Manfred Schluss zu machen, als auch mit Wenzel keine echte Beziehung zu beginnen. Die unbeantwortete Frage blieb: Wie sollte sie dies den beiden Männern klar machen?

Kapitel 30

Manchmal hatte ich das Gefühl, als würde ich ein Doppelleben führen. Das eine spielte sich in Oberbayern in meiner inzwischen gewohnten Umgebung ab. Hier war ich in erster Linie die Mutter, die Lehrerin. In Prag, war ich eine Außenstehende. Fast schon wie ein Manager, eilte ich von einer Veranstaltung zur anderen und diskutierte mit den Menschen über die Fragen der künftigen politischen Landschaft in der Tschechoslowakei. Sie waren schon lange nicht mehr meine Landsleute und ich sprach mit ihnen in meiner Muttersprache, die nicht mehr diejenige Sprache war, in der ich mich am besten auszudrücken vermochte, und so empfand ich die Tätigkeit in Prag anstrengender als die vielfältigen Aktivitäten in Deutschland. Dies lag nicht nur an der Sprache sondern auch an der Thematik, die von vornherein sehr komplex war. Manchmal hatte ich das Gefühl, mich auf der Stelle zu drehen und nicht weiter zu kommen und so war ich froh, wieder zu Hause in Bayern zu sein.

Doch meine Vorstellung, jetzt mindestens vierzehn Tage lang nichts über die Parteien in der Tschechoslowakei und auch nichts über die einzelnen Aktivitäten der verschiedenen Gruppen und Parteien zu hören, erwies sich auch dieses Mal als falsch.

An einem sonnigen Frühlingstag, es war der dritte seit meiner Rückkehr aus Prag, stand, als ich gegen 14.00 Uhr aus der Schule nach Hause kam, ein größeres Auto mit einer tschechoslowakischen Nummer vor unserem Gartentor.

Zwei Männer, die ich nicht kannte, sprangen heraus. Er waren der akademische Maler, Herr Blaschek, und der Professor für Kunstgeschichte, Herr Hurka.

„Wir sollen Sie herzlich von Honza grüßen", erklärte der große schwere Hurka, noch während er mir kräftig die Hand schüttelte.
Mir fielen sofort die Jacken auf dem Dachboden ein. Ich seufzte tief und bat die beiden Männer hinein.
„Wir haben schon so viel nettes über Sie gehört ..." begann der akademische Maler Blaschek auf dem kurzen Weg zwischen Gartentor und Hauseingang.
Dem kleinen dicklichen Maler fiel jetzt Hurka ins Wort: „Ja, unsere Partei verdankt Ihnen viel und deswegen wollten wir Sie ganz persönlich kennen lernen."
Das hätten die doch vor ein paar Tagen in Prag machen können. Es wäre billiger gewesen, dachte ich und bemühte mich freundlich zu sein. Doch in der letzten Zeit häuften sich die Besuche auch mancher ungeladenen Gäste. Langsam fand ich immer weniger Gefallen an diesen „Überfällen" und begegnete ihnen daher auch ungeduldiger.

Die Feststellung Blascheks: „Wir haben Ihnen etwas mitgebracht", stimmte mich in diesem Fall richtig freundlich. Mit Interesse betrachtete ich das recht große Landschaftsbild Blascheks, dann die auf einem Lederstück angefertigte kleine abstrakte Malerei Hurkas. Beides entsprach zwar nicht meinem Geschmack, nachdem ich aber von den meisten Besuchern, die auch bei mir übernachteten, nichts als Gegenleistung erhalten hatte, empfand ich es als eine schöne Geste der beiden Besucher.

Am späteren Nachmittag, als wir zusammen beim Tee saßen, entschloss ich mich die Gelegenheit zu nutzen und endlich die mir schon längst lästig gewordene Angelegenheit mit den Jacken abschließen.
„Ihre Freunde haben mir hier Lederjacken zum Verkauf hinterlassen. Ich wäre sehr froh, sie würden die Jacken wieder mitnehmen."
Beide Männer sahen sich verständnislos an. Damit hatte ich gerechnet: „Ihr Freund Honza hat sie hergebracht. Er kann sie eher bei sich zu Hause verkaufen, als ich hier."

Ich musterte die unentschlossenen Blicke der beiden. Da keiner von ihnen etwas sagen wollte, schlug ich vor, die Jacken gleich vom Dachboden zu holen und sie ins Auto zu laden.

„Jesus, Maria, Josef", rief Blaschek, als er erst die großen Schachteln und dann ihren Inhalt sah.

„Das können wir nicht über die Grenze nehmen", stellte Hurka lapidar fest.

„Die Hälfte ..." Ich, die unbedingt die Jacken los sein wollte, begann zu verhandeln.

„Kommt nicht in Frage. Wir sind doch keine Schmuggler", wehrte sich Hurka.

Ich fragte mich, ob die beiden Männer auch die Bilder, die sie mit sich führten an der Grenze deklariert hatten und schloss dies sofort wieder aus.

„Einen Teil, wenigstens."

„Nein, nein, das geht nicht ..." insistierte Hurka.

„Wir fahren nämlich nach Florenz", ergänzte Blaschek. Es klang ein wenig stolz.

„Dann auf dem Rückweg", schlug ich vor: „Florenz wird ihnen gefallen, dann wollen sie heute gleich wieder weiter?"

Während Hurka feststellte: „Morgen in der Früh", tröstete ich mich, ich würde es sicher noch eine Nacht aushalten.

Erst nach dem Abendessen, als ich die Betten für die beiden bezogen hatte, sprach es Hurka aus: „Wir dachten so an die zweitausend Mark."

Obwohl diese Aussage in diesem Moment für mich völlig unerwartet kam, wusste ich sofort, worum es ging. Ich ärgerte mich über mich selbst, denn für eine kurze Zeit hatte ich geglaubt, diese beiden Männer wären anders als die meisten der früheren Besucher: „So viel habe ich jetzt nicht zu Hause. Auch wenn ich das Geld hätte, würde ich es für diese Bilder nicht ausgeben."

„Zweitausend Mark sind doch für sie kein Geld", stellte Blaschke fest.
Hurka ergänzte: „Es ist so wie für uns Zweitausend Kronen."
Hatte es einen Sinn, ihnen jetzt und hier und noch zu dieser Uhrzeit den ganzen Unterschied zwischen meiner Welt als Emigrantin und der Welt derjenigen, die hinter dem so genannten Eisernen Vorhang gelebt hatten, zu erklären? Nein, ich war zu müde und ein wenig traurig darüber, wieder einmal enttäuscht worden zu sein.

„Wir können sonst nicht nach Florenz fahren", drohte Blaschke unverhohlen, der inzwischen halb ausgezogen auf dem Bett saß und noch dicker als in Hose und mit Hemd aussah.

„Gute Nacht, " war meine letzte Antwort. Enttäuscht zog ich die Tür hinter mir zu.

Ich schlief schlecht, wie so oft in den letzten Jahren. Meine Gedanken sprangen hin und her. Sie vermischten sich, wurden unverständlich. Mein Körper wälzte sich im Bett hin und her, als wollte er im Rhythmus die einzelnen Gedanken noch mehr durcheinander wirbeln. Erst gegen Morgen schlief ich ein. Der Wecker holte mich genau um 6.30 Uhr aus dem Tiefschlaf. Beim Öffnen der Schlafzimmertür fiel mir auf, dass die gegenüber liegende Tür angelehnt war. Die beiden Männer waren abgereist. Ihre beiden Gemälde standen an der Wand angelehnt.

Das hat mir noch gefehlt, sagte ich mir ärgerlich, in der nicht unberechtigten Annahme, dass es der Bilder wegen noch Schwierigkeiten geben würde.

Kapitel 31

Am selben Tag, fast um dieselbe Zeit, als ich ihre Schulklasse betrat, öffnete sich für Pavel die Tür der psychiatrischen Klinik in Prag-Bohnice.

Der um 1800 erstellte Komplex von Häusern war oberhalb von der eigentlichen Altstadt Prags auf einem der Hügel, die das Tal mit der Altstadt umgaben, erbaut worden. Nein, vom Hradschin aus konnte man diese Häuser nicht sehen. Der Blick wurde vom Hradschin in Richtung Vyšehrad, dem Stammsitz der Přemysliden gerichtet, obwohl man aus der Ferne der neuen Burg nichts mehr von der alten mittelalterlichen Festung, erblicken konnte. Eine Ausnahme bildete die Kirche, die verglichen mit dem in Vyšehrad vorhandenem alten Gemäuer, fast schon jungfräulich wirkte.

Aus den mehr nördlich liegenden Teilen Prags konnte man den Gebäudekomplex von Bohnice erkennen. Seit fast schon zwei Jahrhunderten begleitete dieser Ausblick die Menschen Tag ein, Tag aus. Nicht wenigen flößte er dabei Angst ein, selbst dorthin gebracht zu werden.

Pavel, der Bohnice nur aus denen, über die Klinik gemachten makabren Witzen kannte, hatte versucht, sich durch seine Besuche bei Malý, an die Atmosphäre der psychiatrischen Anstalt zu gewöhnen, was ihm bis zum heutigen Tag, trotz des inneren Vorhabens, nicht gelungen ist. Die hier herrschende Stimmung empfand er mehr als bedrückend.

Wenn ich hier so wie Malý eingesperrt wäre, dann wäre ich inzwischen selbst längst verrückt geworden, dachte Pavel. Um die an ihm in einheitlichen weißen Kitteln vorbeigehenden Patienten nicht ansehen zu müssen, ging Pavel mit gesenktem Kopf weiter, bis er ein wenig zaghaft an die weiße Tür mit der Zahl 23 klopfte. Das Nummernschild war in einem schwarzen Rahmen in der Mitte der Tür angebracht. Als eine Antwort ausblieb, beschleunigte sich sein Puls. Pavel klopfte noch einmal. Ohne auf eine Antwort zu warten, riss er die Tür auf. Im selben Moment sah er Malý ganz nahe am Fenster in einem breiten Ohrenbackensessel sitzen und lesen. Ihm fiel auf, wie klein der Mann in diesem Sessel wirkte. Pavels Lunge gab ein erleichterndes stöhnendes Geräusch von sich.

Malý blickte hoch: „Ach, Sie sind es", sagte er überrascht, als hätte er Pavels Besuch nicht erwartet: „Wissen Sie eigentlich, dass die Ägypter ganz präzise ihre Pyramiden berechnet haben, und es bis heute keinem Wissenschaftler gelungen ist, nachzuweisen, wie sie es gemacht haben?"

„Nein, natürlich nicht." Es war eine eher mechanische Antwort. Eine fachliche hätte Pavel ohnehin nicht geben können und eine reflektierte auch nicht, zu sehr hatte ihn die Frage überrascht.

„Das müssen Sie sich vorstellen", begann Malý zu erzählen. Pavel fiel auf, dass Malý dabei die Augen schloss. Er tat es ihm nach und hörte weiter zu: „Ganze Generationen haben auf der Grundlage von genauen mathematischen Berechnungen an einem solchen Bau gearbeitet. Ihre Wohnstätten, in denen, um die übliche Versorgung mit Lebensmitteln zu gewährleisten, Bäcker, Metzger usw. lebten, hatte man bis heute auch nicht gefunden."

„Ob es auch Bordelle gab?"

„Auch das weiß man noch nicht, es ist aber anzunehmen. So ein Pyramidenbau kann man mit einem Kriegseinsatz vergleichen. Da wissen wir, dass die Huren die Bräute der Soldaten waren."

„Sie müssen jetzt gehen", eine weibliche Stimme riss sie aus den Gedanken.

Pavel erschrak. Er war sich nicht sicher, woher die Stimme kam und öffnete die Augen. Er drehte den Kopf, sah Malý in seinem überdimensional wirkenden Sessel. Dann die große dicke Schwester in blauer Tracht mit weißer Schürze und dem Häubchen, das nach wie vor und längst überholt, ihre Ehe mit den Armen und Bedürftigen demonstrieren sollte.

„Gehen Sie jetzt", befahl die weibliche Stimme.

Pavel zuckte noch einmal zusammen. Ohne sich von Malý zu verabschieden, verließ er eilig den Raum, dann das Gebäude. Wieder draußen, atmete er in der noch frischen Morgenluft mehrmals tief durch.

Er nahm sich vor, Malý in dieser Woche noch einmal zu besuchen, nicht nur um mit ihm den Prozess vorzubereiten.

*

An diesem, für die Jahreszeit ungewöhnlich kalten und verregneten Sommertag saß Wenzel wie gewöhnlich an seinem Schreibtisch und beantwortete einen Anruf nach dem anderen. Von außen betrachtet war es für ihn ein normaler Arbeitstag und doch war dieser Tag anders.

In der letzten Nacht hatte er von Klara geträumt. Als er verschwitzt aufgewacht war, hatte er sich im ersten Moment gewundert, dass sie nicht, wie im Traum, neben ihm lag. Seitdem dachte er ständig an Klara. Nicht nur während er alle anderen üblichen und notwendigen Tätigkeiten verrichtete, die kaum seine Gehirnzellen beanspruchten und daher eher mechanisch abliefen. Er dachte an sie während er all die oft komplizierten Gedanken entwickeln musste, die andere an ihn herangetragen hatten. Natürlich hatte er längst gespürt, dass sie seit dieser einen gemeinsamen Nacht alles tat, um ihm fern zu bleiben. Doch Wenzel, der gewöhnt war, sich stets durchzusetzen, wollte diese Haltung von Klara nicht als eine Ablehnung seiner Person akzeptieren.

Ich müsste sie anrufen und ihr sagen, wie sehr mir an ihr liegt. Er wählte ihre Nummer im Büro. Als das Freizeichen kam, hängte er sofort wieder ein. Der sonst so mutige Mann hatte Angst vor einer abschlägigen Antwort. Er hatte den Hörer gerade wieder eingehängt, als Pavel in den Raum stürmte.

Nach dem üblichen „Ahoj" setzte er sich auf einen der Stühle: „Ich war bei Malý. Wir müssen ihn da herausholen, es ist furchtbar ..."
Wenzel zündete sich langsam eine Zigarette an. Er beobachtete den aufsteigenden Rauch: „Ich weiß. Ich kenne das, er ist doch nicht der einzige, der dort sitzt."
Den wesentlich jüngeren Pavel ärgerte diese flapsige Bemerkung. Er empfand sie als belehrend und ein wenig als einen Vorwurf, nicht all die Jahre des realen Sozialismus erlebt zu haben: „Das ändert nichts an der Tatsache, dass er das raus muss. Schließlich leben wir in anderen Zeiten."
Jetzt wurde auch Wenzel ärgerlich: „Denkst du, dass ich ihn quasi über Amts wegen herausholen kann? Wir haben jetzt eine Demokratie. Ich werde mich hüten, so zu handeln wie meine Vorgänger."
Pavel ließ ihn nicht ausreden: „Du kannst es doch anordnen."
„Kann ich nicht, weil wir eine Demokratie haben. Die Gerichte entscheiden und ich werde den Teufel tun, mich da einzumischen."
In diesem Moment betrat eine junge schlanke Blondine den Raum. Pavel schmatzte genüsslich mit der Zunge. Sie sah ihn an, lächelte ein wenig, was Pavel als Kompliment auffasste und sagte: „Der Außenminister wartet."
Wenzel sprang auf und ohne Pavel noch einmal anzusehen, verließ er das Zimmer.

Als Pavel alleine war, setzte er sich hinter Wenzels Schreibtisch. Er blickte um sich, dann drehte er sich mehrmals auf dem Stuhl. Als er sich bei der vierten Drehung gerade mit dem Rücken zum Schreibtisch befand, klingelte das Telefon. Pavel nahm ab. Ohne auf eine Reaktion seinerseits zu warten, begann eine weibliche Stimme zu sprechen: „Ich wollte dir nur sagen, dass es kein zweites Mal gibt. Du muss das einfach akzeptieren." Die Stimme war weg. Fassungslos starrte Pavel den Hörer an, dann verließ er auf Zehenspitzen den Raum. Über die Frage, wer diese Frau gewesen sein mag, verdrängte er für eine Zeitlang die Gedanken an Malý.

*

Am Abend in der Kneipe „Beim heiligen Wenzel" nahm sich Pavel vor, Wenzel den Namen der Unbekannten zu entlocken, aber erst dann, wenn jeder von ihnen schon mehrere Biere getrunken hatte.
„Ich habe etwas für dich", sagte Wenzel zu Franta und zog die Zeitung „Rudá kráva" (rote Kuh) aus der Manteltasche.
Franta warf einen kurzen Blick auf das Titelblatt: „Habe ich schon gelesen."
„Natürlich hat es jeder gelesen. Außerdem ist es schon einige Monate alt", bestätigte Wenzel und fügte hinzu: „Lesen und Bescheid wissen ist zweierlei, wie schon Genosse Lenin sagte. In diesem Fall bist du nämlich auch betroffen. „
Franta lachte laut auf.
„Er hat doch immer versichert, nichts mit ihnen zu tun gehabt zu haben", mischte sich Mila ein. Er hatte Franta ohnehin nie gemocht.
„Hatte ich auch nicht", stimme Wenzel zu und ergänzte: „Wie wir alle gelernt haben, hat man es in bestimmten Positionen nicht einmal nötig gehabt bei den Fizels zu sein. Aber man hat auch hier Vorsichtsmaßnahmen getroffen. Die hießen, der Feind kann auch unter uns sein. In Frantas Fall bedeutete dies ganz einfach, man hatte ihn beobachten lassen."
Frantas Lachen erstarrte, sein Gesicht verzog sich zur Grimasse.
In der Runde entstand Stille. Man hätte ein Streichholz fallen hören können. Im ersten Moment schien Wenzel diese Situation auszukosten, dann vernahm er Frantas zitternde Stimme: „Zeig mal". Im selben Moment tat ihm Franta leid. Es war das erste Mal, seit den vielen

Jahren, die er ihn kannte, dass er mit diesem kräftigen Kommunisten mitfühlte.

„Natürlich steht hier nicht drinnen, dass Herr XY Franta soundso ausspioniert hat."

Wenzel sah wie Frantas Gesicht sich prompt veränderte. Er ärgerte sich ein wenig, dass er ihm gerade noch leid getan hatte und dachte sich: Warte nur. Dann: „Ich weiß es aus einer anderen Quelle." Wenzel unterbrach sich wieder, betrachtete Frantas Gesicht, als wollte er eine Studie darüber anfertigen. Als er sah, dass sich Frantas Gesichtsmuskeln erneut anspannten, empfand er Schadenfreude: „Man mag es nicht glauben. Es war eine Frau, die ihn beschattet und damit letztlich verraten hatte."

„Quatsch", sagte Franta. Er versuchte zu lachen, was ihm aber misslang.

„Gerade du müsstest es wissen. Es war doch eure Taktik, schöne Blondinen ins Feld ziehen zu lassen. Ihr habt gewusst, dass ein Mann nirgendwo so schwach ist, wie im Bett. Deswegen habt ihr nicht einmal vor dieser Methode und diesem Beruf Halt gemacht."

„Ich fliege nicht auf Blondinen." warf Franta ein, als wäre Wenzels Bemerkung tatsächlich ernst gemeint gewesen.

„Auch das hat man gewusst. Man hat doch alles notiert, alle Wünsche und Vorlieben. In deinem Fall hieß die Dame Zdena Kupková und war tatsächlich eine Brünette."

Franta, der das Gefühl hatte, alle Augen der in der Kneipe Anwesenden würden auf ihn starren, biss die Lippen zusammen und schwieg. Statt dieser zahllosen Augen sah er Zdenkas üppige Brüste vor sich und er dachte, Wann habe ich sie zum letzten Mal geküsst? Als könnte er mit der Antwort die für ihn unerwartete Konfrontation mit der Tatsache, dass sie ihn verraten hatte, abwenden oder gar aus der Welt schaffen. Diese Frage, wann er sie zum letzten Mal geküsst hatte, beschäftigte ihn so sehr, dass er nur nebenbei das weitere Gespräch hörte:

„Das ist der Höhepunkt. Ich habe mir nicht vorstellen können, dass man auch die eigenen Leute ausspioniert hatte", stellte Pavel fest.

Mila nahm einen kräftigen Schluck aus dem halbvollen Krug. Er leerte ihn, steckte sich seine obligatorische Sparta in den Mund und erklärte: „Aber natürlich, wo denkst du hin, mein Junge. Das war eben typisch für dieses Regime, niemand traute einem anderen, und da bildeten die Kommunisten keine Ausnahme. Auch unter ihnen gab es doch verschiedene Richtungen und Flügel, auch wenn sie alle Marx und Lenin angebetet haben."

„Das war mir klar, aber er war doch der Berater des Zentralkomitees."

„Gerade deswegen", mischte sich Wenzel ein.

Pavel fiel die Frauenstimme an Wenzels Telefon ein: „Frauen sind unberechenbar."

Mila, neben Pavel der einzige Junggeselle in der Runde, stellte etwas lapidar fest: „Das Problem ist, man kann nicht mit ihnen aber auch nicht ohne sie sein."

„Ein weißer, üppiger Busen ist doch etwas Wunderbares. Man braucht nur die Augen zu schließen, dann sieht man ihn vor sich. Er hat etwas Beruhigendes an sich."

Die Augen der Anwesenden drehten sich zu Franta. Sie kannte ihn lange, doch dass er so ein Frauenschwärmer war, erfuhren sie jetzt zum ersten Mal. Franta schien sie nicht wahrzunehmen und sprach weiter: „Ich für meine Person halte einen weiblichen Busen für die schönste Kreation der Welt."

Alle Männer der Stammrunde vergaßen jetzt ihre halbvollen Bierkrüge und folgten Frantas Fantasie.

Kapitel 32

Wohin Wenzel auch ging und was er auch tat, er musste fast ständig an Klara denken. Wie eine zweite Sphäre seiner Gedankenwelt begleitete sie ihn zu allen Besprechungen. Er sah sie vor sich, wenn er mit jemanden am anderen Ende des Ozeans sprach. Aber auch, wenn er versuchte, sich beim Lesen einer der von ihm herausgegebenen Pressemeldungen zu konzentrieren. Sie war einfach da. Er sah ihr Gesicht deutlich vor sich. Er konnte sogar ihren Körper ganz deutlich riechen. Nur telefonisch konnte er sie nicht erreichen. Wann und wo er auch anrief, sie war nirgends zu erreichen.

In den ersten Tagen, dachte er an einen Zufall und tröstete sich damit, dass auch er nicht ständig erreichbar wäre. Allmählich aber glaubte er, sie ließe sich im Büro verleugnen und ging zu Hause nicht ans Telefon. In den kommenden Tagen überlegte er, schnell mal über den Hof zu laufen. Bei ihr vorbeizuschauen, um sich zu überzeugen, ob sie da war oder nicht. Er tat es nicht. Wenzel befürchtete, seine Frau oder einer der neugierigen Nachbarn würde ihn bemerken und vielleicht ansprechen. Wenzel müsste erklären, wohin er ging. Er wusste, er würde dabei rot und verlegen werden. Er hatte Angst vor den Konsequenzen, die ihm bewusst waren.

Klara hatte zwar tatsächlich diese Vorkehrungen getroffen. Obwohl sie ihrerseits hoffte, dass Wenzel ihren Anruf richtig gedeutet hatte und sie künftig in Ruhe lassen würde. Sie war froh, allein zu sein. Allein auch in ihrer Wohnung, in der sie vorsichtshalber das Schloss hatte auswechseln lassen. Noch mehr Zeit als in den letzten Monaten verbrachte sie mit der Parteiarbeit. Sie schrieb Informationsflugblätter, hielt Reden vor den verschiedensten Vereinen und organisierte selbst

Versammlungen der eigenen Partei. Sie tat praktisch alles, außer sich mit dem Programm für den Besuch aus Bonn zu befassen. Zwar hatte sie Mila über das Kommen der Gäste schon vor zwei Wochen informiert, seitdem hatte er aber nichts mehr gehört.

*

Mila saß in seinem hölzernen Bürostuhl und schob kleine Papierstückchen mit den einzelnen in Frage kommenden Programmpunkten auf einem großen Bogen hin und her. Auf seine Idee, sich die einzelnen Programmpunkte auf gesonderte Zettel aufzuschreiben, war Mila sehr stolz. Einmal lag der kleine Zettel, auf dem mit einer blauen, auch für Mila leserlichen Handschrift „Pressekonferenz" stand, bei 10.00 Uhr, um gleich zu 14.00 Uhr zu wandern. Manchmal bewegte er die einzelnen Zettel mit den Programmpunkten so schnell rauf und wieder herunter, dass er gar nicht die Schrift lesen konnte. Daher war ihm inzwischen nicht mehr klar, an welchen Tagen die Pressekonferenz bzw. der Besuch auf der Burg anstand. Zwischendurch unterbrach er seine Schiebereien. Er studierte das bisherige Ergebnis und stellte fest, dass die Oper bereits um 10.00 Uhr beginnen sollte, das Frühstück dafür um 19.00 Uhr. Das entstandene Durcheinander amüsierte Mila. Er lachte freudig über sich, als ihn das Klingeln des Telefons aus dieser Beschäftigung riss. Er ließ es dreimal läuten und als es nicht aufhörte, nahm er ab und meldete sich: „Sie sprechen mit den Liberalen."

„Sie auch", antwortete Honza am anderen Ende der Leitung.

Mila stutzte ein wenig und überlegte kurz, ob er nicht auflegen soll. Er tat es dann auch, um es aber sofort wieder zu bereuen. Er war gerade dabei, den Zettel mit der Aufschrift „Mittagessen" mit dem Programmpunkt „Pressekonferenz" zu verschieben, als das Telefon erneut klingelte. Er ließ es nur einmal läuten, hob den Höher ab und meldete sich mit einem schlichten „Hallo".

„Bin ich mit dem Liberalen von vorhin verbunden?"

„Ja"

„Und sind Sie der Mann, der einen echten Mucha sucht?"

Als Mila erneut mit „Ja", antwortete, fuhr Honza fort:

„Also ich hätte da etwas, sogar recht günstig. Haben Sie noch Interesse?"

„Ja, ja", wiederholte Mila: „Aber bitte, was heißt günstig?"

„Die Leute würden mit sich handeln lassen, Sie müssen aber hinfahren."

„Kein Problem."

„Also gut. Wir müssen aber schnell handeln."

„Ich bin ein Liberaler, Flexibilität ist unser Motto."

Honza, der sich ein wenig über diese nichtssagende Aussage ärgerte, seufzte durchs Telefon und sagte: „Der Zug nach Košice geht um 6.30 Uhr vom Hauptbahnhof, bis dann."

Honza hängte ein. Mila, den diese Nachricht völlig durcheinander gebracht hatte, stellte nacheinander folgende Fragen: „In die Slowakei soll ich fahren? Und mit Ihnen? Wer gibt mir die Garantie, dass das Gemälde echt ist? ... Hallo ... hallo."

In diesem Moment fiel Mila auf, das am anderen Ende der Leitung niemand mehr war. Er ließ den Hörer fallen, der an seiner rosa gekringelten Plastikschnur gegen die Schreibtischschublade schlug. Mila lehnte sich, soweit es die Rückenlehne zuließ, auf seinem Stuhl zurück und begann, darüber nachzudenken, was er machen soll. Das einfachste wäre, am kommenden Tag zum Bahnhof zu gehen und nach Košice zu fahren. Aber dazu hatte Mila keine Lust, denn er war noch nie in seinem Leben in der Slowakei. Er hatte sich sein eigenes Bild über diesen Teil der Republik und deren Menschen gemacht und damit gab er sich zufrieden. Jetzt suchte er nach Ausreden, nicht dorthin fahren zu müssen. Er klammerte sich an Gedanken wie: Zwölf Stunden hin und wieder zurück, und am Ende ist das Gemälde eine Fälschung. Wenn es aber keine ist, dann wird das Gemälde so teuer sein, dass ich es sowieso nicht werde zahlen können. Außerdem habe ich überhaupt kein Geld bei mir. Was soll ich dort? Wenn ich mit einem Mann von der Konkurrenz hinfahre, könnte es doch als ein Parteiverrat gedeutet werden." Der letzte Gedanke gefiel Mila am besten. Er begann sich wieder mit den Zetteln, auf denen die Programmpunkte standen, zu befassen.

Als Mila am kommenden Morgen nicht um die vereinbarte Zeit am Bahnsteig stand, zuckte Honza mit den Schultern und bestieg eine Minute vor der Abfahrt des Zuges den einzigen Waggon der 1. Klasse, den dieser Zug hatte.

Kapitel 33

Zur selben Zeit setzte sich in Nürnberg gleichfalls ein Zug in Bewegung. Während die erste Klasse des Schnellzugs Prag-Košice fast voll war, saß Manfred in seinem Waggon alleine. Diese so unterschiedliche Auslastung hatte mit den unterschiedlichen Zielen zu tun. Die Verbindung Prag-Košice nutzten zahlreiche Geschäftsleute, die eine der Großstädte auf dem Weg zwischen den beiden Orten aufsuchen mussten und nicht fliegen wollten. Diese Berufsgruppe fehlte auf der Verbindung Nürnberg-Prag.

Es wird sich alles ändern, nur ein wenig Geduld muss man haben, sagte sich Manfred, dem die Ursachen der geringen Auslastung des 1. Klasse-Wagens klar waren. Er begann, darüber nachzusinnen, was er als Geschäftsmann in der Tschechoslowakei würde auf die Beine stellen können. Jetzt, wo er pensioniert war, konnte er sich seiner neuen Aufgabe voll widmen. Manfred erinnerte sich an seine erste Fahrt nach der Grenzöffnung. Vor sich sah er die überfüllte Bahnhofsgaststätte in Eger. Arme Schweine, sind sie. Ich werde sie aus diesem Biersumpf herausholen. Ihnen allen werde ich eine Arbeit mit einem geregelten Einkommen geben, damit sie nicht mehr schon mittags so depressiv in der Kneipe herumhängen müssen. Es gibt viel zu tun in diesem Land, man muss es nur anzupacken wissen. Mit sich zufrieden lehnte sich Manfred in die blaue Polsterung der 1. Klasse der Bundesbahn und überlegte, welche Betriebe er zuerst gründen sollte. Die Männer aus der Kneipe könnte man sicher gut auch beim Straßenbau beschäftigen. Infrastruktur ist doch das Schlagwort unserer Zeit, ja dieses Jahrzehnts. Es muss eine durchgehende Autobahn von München nach Prag, eine von Berlin nach Prag gebaut werden. Es gibt viel zu tun. Natürlich kann man dies nur mit Hoch-Tief machen.

Die aus Langeweile saufenden Männer in der Bahnhofsgaststätte vor Augen, dachte er weiter nach: Die Leute habe ich schon. Der erste Schritt ist damit getan. In dem so genannten früheren Niemandsland verlangsamte sich der Zug. Wenn er 50 km/h fährt, dann ist es viel. Also das muss auch angepackt werden. Dem Schienenverkehr gehört die Zukunft und natürlich den Güterverkehrszentren. Sie müssen gebaut werden, sagte sich Manfred und nahm sich vor, über dieses Thema mit Wenzel zu sprechen.

In Prag angekommen, fuhr er mit der U-Bahn in Klaras Wohnung. Als er feststellte, dass sein Schlüssel nicht ins Türschloss passte, ärgerte sich Manfred über sich und dachte, er hätte den falschen Schlüssel mitgenommen. Nach einem kurzen Nachdenken entschied er sich, Klara am Abend zu überraschen und jetzt erst mal Mila in seinem Büro aufzusuchen.

Als Mila Manfred in der Tür sah, erschrak er und ließ den kleinen Zettel, den er gerade in der Hand hielt, fallen.
„Habe ich Sie bei etwas Wichtigem gestört? Das tut mir leid." Manfred hob den kleinen Zettel auf, der bis vor seine Füße geflattert war.
„Abendessen", las Manfred laut vor und sah Mila fragend an.
„Sie wissen, das Programm für die deutschen Gäste", stotterte Mila.
„Gut, dass ich jetzt da bin. Das können Sie nicht alleine entscheiden. Das kann nur ich. Gut, dass ich da bin", wiederholte Manfred. Er trat an den Schreibtisch und blickte, nach einem leeren Stuhl suchend, um sich. Als er feststellte, dass es außer dem einen Stuhl keinen weiteren gab, blieb er ein wenig unschlüssig vor Mila stehen. Er lächelte ihn an und meinte:
„Mein Freund. Wir haben eine Vereinbarung getroffen und wir beide sind Gentlemans und halten uns an die, oder?"
Er hätte doch nach Košice fahren sollen, dachte Mila und begann sichtlich zu zittern.
„Oder haben wir uns nicht an die Abmachung gehalten?" Manfreds Stimme klang sehr rau.

Mila sah ihn an. Es war der Blick eines kleinen Jungen, der gerade dem Vater das Bier über die Hose geschüttet hatte.

„Also Zehntausend sind ein Batzen Geld."

„Dreizehn", verbesserte ihn Mila.

„Meinetwegen Dreizehn, dafür kann man schon etwas verlangen."

Wieder dachte Mila an die nicht angetretene Fahrt nach Košice. Womöglich hätte er ein Bild von Mucha erstanden und sich diese Predigt jetzt erspart. Sein Schweigen deutete Manfred als schlechtes Gewissen: „Sie haben doch nichts mehr gemacht, oder?"

Jetzt musste sich Mila rechtfertigen: „Es ist nicht so einfach und überhaupt. Ich habe das Geld noch nicht bekommen", ergänzte er nach einer längeren Pause.

„Ich habe ihre Kontonummer auch nicht gehabt. Das lässt sich doch jetzt ganz einfach klären."

„Ich habe kein Devisenkonto."

„Und wohin fließt das Geld?"

„Mein Gehalt geht an die tschechische Post-Bank."

„Ja und das der Partei?" Für Manfred war es unvorstellbar, dass jemand nicht ein Konto in der Schweiz, oder wenigstens in Deutschland hatte.

„Es gibt kein Konto der Partei."

Manfred lachte: „Machen Sie keine Witze."

„Nein, wir haben bis jetzt keines gebraucht."

„Das werden wir ändern, sofort." Manfreds Ton klang befehlend. Er sah auf seine Armbanduhr und als er feststellte, dass es bereits nach 17.00 Uhr war, ergänzte er: „Heute nicht, aber morgen in der Früh lasse ich für Sie ein Konto eröffnen."

Mila überlegte, ob er mit Manfred weiter die Frage der Kontoeröffnung diskutieren sollte, ihm klar machen, dass bei einer Mitgliederzahl von 47, die Partei kein eigenes Konto benötigte. Die einzelnen Mitglieder steuerten für den Unterhalt des Büros, und vor allem für sein Gehalt etwas bei. Weil es so wenig war, saß er eben hier und nicht in der mondänen Pariser Straße. Mila kam zu dem Schluss, dass es besser wäre, die Frage des Geldes nicht anzusprechen. Manfred würde es sowieso nicht verstehen. Er wird denken, es liegt daran, weil ich kein perfektes Deutsch spreche. Er soll seine Erfahrungen selbst machen. Außerdem habe ich eine prima Ausrede. Ohne das Geld kann ich kein Gemälde kaufen.

Manfred riss Mila aus den Gedanken: „Jetzt gehen wir aber erst mal zum Essen."

Auch das noch, sagte sich Mila, während ihm das gemeinsame Abendessen „Bei den Malern" einfiel. Er suchte nach einer passenden Ausrede.

„Ich habe eine Magenverstimmung", was das Einzige, was ihm in diesem Augenblick als überzeugend erschien.

Manfred bedauerte Mila, dann ließ er ihn mit seinen kleinen vollgeschriebenen Zetteln alleine.

Als Manfred gegen 22.00 Uhr erneut vor Klaras Wohnung stand und sie nicht antraf, entschloss er sich in die Kneipe „Beim heiligen Wenzel" zu gehen.

Außer den Männern, die hier zur Stammrunde gehörten, kannte er niemanden in Prag. Von ihnen erhoffte er sich, etwas über Klaras Verbleib zu erfahren.

Der erste, den er sah, war Mila. Er biss gerade genüsslich in ein Schmalzbrot.

„Mein Freund, bei einem Magenkatarr darf man so etwas nicht", rief Manfred Míla entgegen, noch in der Eingangstür stehend.

„Kater hat er schon, aber keinen im Magen", Wenzels Lachen steckte alle an.

„Ein Bier?", fragte der bucklige Wirt und stellte gleichzeitig eins vor Manfred ab.

„Wie gesagt, mit dem Magen muss man aufpassen."

Manfreds Belehrungen schienen weder Mila noch sonst jemanden zu interessieren. Die Anwesenden unterhielten sich weiter auf

Tschechisch. Mila, der jetzt keine Lust hatte mit Manfred über irgendetwas zu sprechen, wandte sich zu Franta und tat so, als müsse er ihm etwas besonders Wichtiges mitteilen. Manfred trank sein Bier und versuchte zuzuhören. Schnell stellte er fest, dass ihm die Vokabeln fehlten.

„Ich bin auf der Suche nach Klara", sagte er unvermittelt in die Runde. Es war der Unterton in der deutschen Sprache, der die Männer bewog, ihre Gespräche zu unterbrechen.

„Ich auch", stellte Wenzel prompt fest. Sofort tat ihm leid, dies gesagt zu haben.

„Wieso Sie?"

„Warum nicht ich?" Wenzel spürte, wie seine Wangen rot wurden. Er bohrte seinen Kopf in den Bierkrug hinein.

Jetzt betrachtete Manfred Wenzel genauer. Er stellte fest, dass Wenzel einen recht dicken Bauch hatte und folgte daraus, dass er mit Sicherheit keine männliche Konkurrenz für ihn war. Da Klaras politische Tätigkeit allen gut bekannt war, sah es Manfred als ein gutes Zeichen an, dass sich Wenzel für sie und damit für die Partei interessierte.

„Dann ist gut, dass ich hier bin und natürlich auch unserer Geschäftsführer". Manfred hob das Glas in Milas Richtung: „Prost mein Freund, diese Runde geht auf meine Rechnung."

„Na zdravi",(Gesundheit) kam ihm als Echo aus zweiundzwanzig Kehlen zurück.

„Wissen Sie, ich habe mir das alles schon überlegt", begann Manfred, nachdem alle ihre Krüge wieder hingestellt hatten, und erklärte den Anwesenden seine Ideen über den Bau von Autobahnen, neuen Schienennetzen und den Bau von Güterverkehrszentren.

„Dazu brauche ich natürlich Fürsprecher wie Sie", stellte Manfred fest und prostete Wenzel zu. Der lächelte verlegen, trank sein Bier und sagte gar nichts. Manfred sah darin ein Zeichen der Zustimmung. Er war stolz auf sich, so schnell Wenzel für seine Ideen gewonnen zu haben. Jetzt spielte er seinen letzten Trumpf aus: „Nicht nur das alles werde ich machen, darüber hinaus werden diese Projekte einen großen sozialen Effekt haben." Manfred bemerkte, wie jetzt die Anwesenden gespannt zu ihm hinblickten. Er kostete die Aufmerksamkeit aus, trank langsam und genüsslich an seinem Bier. Erst als der Krug leer war, fuhr er fort: „Ich hole alle die armen Männer von der Straße herunter."

Statt jubelnder Zustimmung herrschte Stille. Manfred sah um sich. Er dachte, dass diese Sprachwendung wohl nicht verstanden worden war und er dies anhand seiner Erfahrungen in der Bahnhofsgaststätte in Eger erklären müsse:

„Bereits in den Vormittagsstunden standen in der Kneipe Männer, um. ..." Mitten im erklärenden Satz wurde er durch lautes allgemeines Lachen unterbrochen. Manfred sah verständnislos um sich. Die Männer lachten und lachten. Keiner wollte ihm eine Erklärung geben, bis sich Mirek seiner erbarmte und ihm die Einstellung der tschechischen Männer zum Bier und damit zu den Kneipen erklärte.

„Sie wollen also sagen, dass alle diese Männer, die in der Gaststätte ihr Bier tranken, gar nicht arbeitslos waren?"

„Genau das und nichts anderes."

„Aber der Arbeitgeber? Was sagte er dazu?"

„Bis jetzt war es der Staat und der sagte nichts."

Gegen Mitternacht begann sich die Runde allmählich aufzulösen. Manfred wurde schmerzlich bewusst, dass er nicht erfahren hatte, wo sich Klara aufhielt. Er wusste auch nicht, wo er für den Rest der Nacht schlafen sollte. Noch nicht volltrunken, aber sehr beschwipst, war er froh, dass ihm Wenzel anbot, bei ihm im Wohnzimmer auf dem Sofa übernachten zu können.

Der kommende Tag war ein Freitag. Beim Aufwachen fühlte sich Manfred ein wenig zerschlagen. Er war sich nicht sicher, ob es nur von dem Bier war oder von dem Sofa, oder gar von einer Kombination aus beiden Faktoren. Er drehte sich mehrmals herum, dann fiel ihm Klara ein. Auf Zehenspitzen verließ er Wenzels Wohnung.

Weder an diesem Tag noch am folgenden Wochenende gelang es Manfred, Klara zu erreichen. Wahrscheinlich ist sie bei jemanden auf der Hütte, tröstete er sich. Am Sonntagabend fuhr er wieder zurück nach Deutschland. Dass er für Mila ein Bankkonto hatte eröffnen wollen, fiel ihm, kurz nachdem der Zug über die Grenze gefahren war, wieder ein.

Kapitel 34

Am kommenden Dienstag rief Manfred Lutz in dessen Bonner Büro an. Er schilderte ihm die unhaltbaren Zustände in den Prager Parteiräumen. Beide Männer waren sich darüber einig, dass sie ihrer Schwesterpartei finanziell möglichst rasch unter die Arme greifen mussten. Als dann die Sprache auf ein Konto kam und Manfred berichtete, dass die Partei im Ausland keines besaß, schlug Lutz spontan vor: „Wenn ich zu der Pressekonferenz komme, nehme ich das Geld einfach mit."

Das Stichwort war gefallen. Manfred war froh, Lutz Näheres erzählen zu können:

„Dieser Geschäftsführer gibt sich die größte Mühe, das muss man einfach feststellen. Um einen genau abgestimmten Ablaufplan aufstellen zu können hat er sich sogar die einzelnen Tagungspunkte auf gesonderte kleine Zettel geschrieben."

„Was soll das bringen?" Lutz schaukelte in seinem Ledersessel hin und her und sah aus dem Fenster.

Manfred, der diese Frage nicht beantworten konnte, sagte einfach: „Es ist innovativ."

„Ja, ja, das sicher", stimmte ihm Lutz zu. Er wusste zwar nicht, was an der Herstellung von Zetteln innovativ sein sollte, wollte dies aber Manfred nicht so direkt sagen. Vielleicht hat er Recht. Weiß der Teufel, im welchem Zusammenhang heutzutage der Begriff verwendet wird, sagte sich Lutz und ergänzte: „Sie wissen schon wohin ich in Prag will, oder?"

„Natürlich, aber selbstverständlich", bestätigte Manfred, der in diesem Moment absolut keine Ahnung hatte, was Lutz meinte.

*

Am späten Nachmittag desselben Tages hatte Mila das Gefühl, als würde das Telefon bei ihm pausenlos klingeln. Alle möglichen Mitglieder der Partei riefen an, welche die unmöglichsten Einzelheiten aller möglichen Zusammenhänge wissen wollten. Sie stellten aber auch Fragen, die mit der Partei an sich nichts zu tun hatten. Die meisten Menschen lebten noch in dem ihnen jahrzehntelang anerzogenen Glauben, eine Partei könne alle ihre täglichen Lebensfragen, wenn schon nicht lösen, dann doch beratend unterstützen.

Längst hatte sich Mila abgewöhnt, dem einzelnen Anrufer klar zu machen, dass weder er noch die Partei für dies oder jenes zuständig ist. Verstanden hatte es sowieso kaum jemand. Er hatte gerade die Frage nach der Möglichkeit der Vermittlung von einer kleinen Wohnung für ein junges Paar beantwortet, als das Telefon erneut läutete. In Erwartung einer ähnlich unlösbaren Frage klang sein „Hallo", entsprechend unfreundlich.

„Wer ist denn da", fragte wieder einmal in einer Bonner Telefonzelle stehend, am anderen Ende Manfred.

Milas Gehirn schaltete sofort auf Deutsch um: „Ich bin es."

„Also mein Freund, ich habe es geklärt. Ich weiß, dass ich mich auf Sie verlassen kann. Das mit dem Geld, das wird auch geregelt."

Das Gespräch wurde plötzlich unterbrochen. Während sich Mila fragte, ob es daran lag, dass die Telefonate, obwohl sie jetzt nicht mehr über eine Vermittlung zustande kamen, nach wie vor abgehört wurden, klingelte es wieder.

„Schön, dass wir uns wieder hören. Also ich komme wie versprochen. Sie arrangieren für mich alles. Ich freue mich." Lutz sah die in der Tür stehende Sekretärin an, ärgerlich legte er den Hörer wieder in die Gabel und fuhr sie an: „Merken Sie nicht, dass ich telefoniere?"

„Der Chef", stotterte sie und verschwand im Vorzimmer. Lutz sprang auf, ordnete seine Hose, zog sein Sakko über und rannte aus dem Zimmer.

In diesen Augenblicken starrte Mila in Prag das Telefon an. Erwartungsvoll, es würde noch einmal der deutsche Gesprächspartner anrufen. Dass er mit zwei verschiedenen Männern gesprochen hatte, war ihm gar nicht aufgefallen.

Wenn diese Geschichte mit Klara nicht wäre, hätte sich Manfred an diesen Tagen zu den glücklichsten Männern zählen können. Wie so oft in der letzten Zeit, saß er im Zug und dachte über sich nach: Wer könnte schon von sich sagen, dass er eine richtige Partei ins Leben gerufen hatte, und das in einem fremden Land, in einem Staat mit dem man in den letzten Jahrzehnten nicht nur nicht friedlich nebeneinander gelebt hatte, sondern mit dem es so große politische Auseinandersetzungen gegeben hatte? Umso verdienstvoller war doch seine Initiative, eine demokratische und gar liberale Partei ins Leben gerufen zu haben. Manfred streckte sich ein wenig. Er legte das rechte Bein über das linke und öffnete die dritte Flasche des Pilsner Bieres, das er sich, vor allem wegen seiner angeblichen positiven Wirkung auf den Magen, zu trinken im verstärkten Umfang angewöhnt hatte. Er machte mehrere große Schlucke, stellte die fast leere Flasche auf den kleinen Klapptisch am Fenster und schloss die Augen.
Er sah sich in dem großen alten Vladislav-Saal auf dem Hradschin, umgeben von Hunderten von Männern in den Kleidern aller Jahrhunderte.
„Hoch soll er leben", rief jemand in seiner Nähe. Manfred blickte um sich. Er konnte den Rufenden nicht identifizieren, denn plötzlich klang es im Chor wieder: „Hoch soll er leben." Manfred fühlte, wie jemand seine Schulter berührte. Jetzt nehmen sie mich hoch und tragen mich vor, bis dorthin wo die böhmischen Könige gekrönt wurden, träumte er.
„Ihre Fahrkarte."
Manfred griff ärgerlich in die Sakkotasche.

*

Die Erkenntnis, dass Zdenka über ihn berichtet hatte, veränderte Frantas Leben.

Als überzeugter Kommunist war er im Geiste der Idee des Marxismus-Leninismus bereit gewesen jegliches Vorgehen der Partei zu respektieren und zu entschuldigen, stets mit dem Hintergedanken, dass es letztlich der Arbeiterklasse diene.

Jetzt dachte er immer wieder über die einzelnen Maßnahmen der Partei nach und sah sie mit den sehr strengen Augen eines Richters. So zum Beispiel an die Aufforderung, die seine Nachbarn im Jahre 1948 erhielten. Er wurde aufgefordert mit den, ihm im Zuge der Landreform 1946 zugesprochenen Feldern, in die Genossenschaft eintreten. Franz war noch ein ganz junger Mann, frisch in der Partei.

„Kannst du da nichts machen, Franz", fragte er ihn und zeigte die Aufforderung des Nationalausschusses.

„Aber Väterchen, das wird gut sein, die Sowjets praktizieren es schon lange."

„Ich habe die Partei doch nur gewählt, weil sie mir die Felder des Herrn Ingenieurs versprach. Jeder von uns sollte einige Hektar bekommen."

Franz lachte: „Ja und du hast sie auch bekommen, oder?"

„Ja aber nicht, dass ich sie wieder abgebe, noch bevor ich angefangen habe ein richtiger Bauer zu werden."

„Im Kollektiv geht alles besser, du wirst sehen, ihr bekommt Traktoren, russische Traktoren. Die Feldarbeit wird euch von der Hand gehen, da wirst du dich wundern."

„Du kannst da wirklich nichts machen", wiederholte der Nachbar.

Als Franta lachte, zahlte der Nachbar sein Bier und ging. Bald darauf verließ Franta das Dorf, um nie wieder zurück zu kommen und so hatte er auch nie erfahren, was mit dem Mann geschehen ist. Es hätte ihn auch nicht interessiert, bis jetzt nicht.

Ganz vorsichtig stellte er sich die Frage: Wieso hatte er das Verhalten der Partei über Jahrzehnte nicht hinterfragt? Er merkte, dass er Angst vor der Antwort bekam. Sie könnte, und dies war wahrscheinlich, zu dem Ergebnis führen, dass er schon als junger Mann vor bestimmten Tatsachen die Augen bewusst verschlossen hatte.

Er erwog, Zdenka zur Rede zu stellen, verwarf diesen Gedanken aber. Was sollte sie ihm anderes sagen, als seine eigenen Worte zu wiederholen: Sie tat es für die Arbeiterklasse. Er lachte, es war das Lachen eines verbitterten Mannes.

Um sich von seinem eigenen Schicksal abzulenken, zwang er sich, mehr über die Einzelheiten des Vorgehens des Regimes gegen die sogenannten Staatsfeinde zu erfahren, als er bereits wusste. Er begann sich systematisch mit den Prozessen gegen Andersdenkende, die nach der Machtergreifung, unter der Leitung der russischen Kommunisten, 1948 initiiert worden waren, zu beschäftigen. Stunden- und Tagelang saß er in den Archiven des Innenministeriums und las. Als er die Unterlagen über die Slansky-Prozesse, in denen 1953 die eigenen Kommunisten zum Tode verurteilt worden waren, gelesen hatte, wurde ihm endgültig klar, dass er sein ganzes Leben für eine Idee gelebt hatte, die nie zur Praxis geworden war. Franta fühlte sich getäuscht von der eigenen Partei, und dieses Gefühl mischte sich mit der eigenen Schuld.

Um über diesen Schmerz hinwegzukommen, begann er häufiger zu trinken. Im Gegensatz zu früher genehmigte er sich bereits nach dem Frühstück, noch bevor er wieder ins Archiv ging, das erste, dann das zweite und dritte Bier.

Seine Veränderung fiel vorerst Niemandem auf. Wie üblich kam er täglich gegen 18.30 Uhr in die Kneipe, trank sein Bier und schwieg. Dass er mehr trank, als je zuvor, fiel nicht auf, man trank normalerweise seine vier bis fünf Halbe und wenn jemand dann sieben oder zehn trank, hielt es niemand für beachtenswert.

„Morgen wird der Prozess gegen Herrn Malý fortgeführt", stellte Pavel wie nebenbei fest.

„Kann ich etwas helfen?"

Pavel drehte sich zu Franta. Sein Gesicht wirkte völlig überrascht: „Ausgerechnet du?"

Franta schwieg verlegen. Er hatte das Gefühl, alle Augen der hier Anwesenden richteten sich auf ihn. Keiner der Männer rührte sein Bier an. Diese, einige Augenblicke andauernde Stille, unterbrach der bucklige Wirt:

„Meine Herren, hier sind sie ..." und legte mitten auf den Tisch einen mittelgroßen Teller voll duftender und noch rauchender Topinky.

„Es ist so", stellte Franta jetzt lapidar fest.

Als würde sie diese Antwort zufrieden stellen, wandten sich die Männer wieder den Knoblauchbroten und ihrem Bier zu.

„Wir haben eine andere Besetzung des Richters verlangt", verkündete Pavel.

„Mit was für einer Begründung, wenn ich bitten darf?"

„Natürlich wegen Befangenheit", antwortete Pavel auf Milas Frage.

Mila lachte: „Und da glaubt ihr damit durchzukommen? Auch wenn ja, wird sich an dem Urteil nichts ändern, es gibt doch keine anderen, als die im Sozialismus ausgebildeten und daher staatstreuen Richter. Wo soll man sie hernehmen?" Er sah Franta fragend an. Als dieser tatsächlich das Wort ergriff, war Mila doch überrascht:

„Wir wissen alle, was das für Typen waren, diese Juristen. Ich befürchte, auch wenn jemand anderes die Aufgabe übernimmt, wird sich an der Entscheidung nichts ändern. Sie kennen sich doch untereinander. Keiner wird die Entscheidung seines Kollegen widerrufen.

„Das glaube ich nicht. Jetzt haben wir Demokratie", widersprach Pavel

„Schön, dass du es so siehst mein Junge", Frantas Stimme klang ein wenig traurig. Er hob seinen Krug, trank ihn in langen Zügen leer und rief dem Wirt, den Krug in die Luft hochhaltend, zu: „Du bist auch nicht mehr der Schnellste ..."

*

Franta kostete es Mühe, rechtzeitig aufzustehen. Seitdem er regelmäßig trank, schlief er schlecht. Erst in der morgendlichen Dämmerung verfiel er in einen unruhigen, meist traumlosen Tiefschlaf, aus dem ihn nicht einmal die vorbeifahrenden Straßenbahnen aufwecken konnten. Einmal aufgewacht, wälzte er sich ein wenig herum, dann fiel ihm der Verhandlungstermin ein. Schnell sah er zur Uhr und sprang aus dem Bett. Zum ersten Mal seit Jahren verließ er unrasiert das Haus.

Als er den Saal fast halb leer vorfand, dachte Franta, dass er sich im Termin geirrt habe. Schon wollte er den Raum wieder verlassen, da hörte er die Stimme der Staatsanwältin: „Lasst es uns schnell über die Bühne bringen. Wir alle haben Wichtigeres zu tun, als uns immer wieder mit demselben Kram zu befassen."
Sie haben nicht einmal den Anstand gehabt, sie auszuwechseln, schoss es Franta durch den Kopf, während er versuchte Pavel zu finden.
„Das Wort hat die Verteidigung", sagte sehr laut ein dicklicher Richter mittleren Alters.
Während Franta überlegte, ob es derselbe Mann war, der bereits die früheren Verhandlungen mit Malý geleitet hatte, stand ein schlanker junger Mann im dunkelblauen Anzug und mit kurz geschnittenen Haaren auf. Erst an der Stimme erkannte Franta Pavel. Eine Mischung aus Erstaunen über Pavels Wandlung, Müdigkeit und Alkohol waren schuld daran, dass zwar Franta Pavels Plädoyer hörte und verstand, es an ihm letztlich aber wie ein Rauschen vorbeiging.
„Sie haben Recht, und es gibt mit Sicherheit niemanden hier im Saal, der Ihnen nicht zustimmen würde, nicht wahr Frau Staatsanwältin?"
„Natürlich sind wir alle für Menschenrechte", rief die Staatsanwältin laut dazwischen, dann fuhr der Richter fort: „Wir alle sind aber durch die Gesetzgebung gebunden. Die besagt, dass in bestimmten Fällen die Einweisung in eine psychiatrische Klinik unumgänglich ist. Wenn es dem Interesse des Einzelnen sowie der Allgemeinheit dient."

„Das dürfen Sie nicht machen. Sie haben schon genügend Verbrechen begangen."

Im selben Moment drehten sich alle in die Richtung, aus der die Stimme kam. Franta stand in seiner vollen Größe und Breite in der letzten Reihe des Zuschauerraumes und lächelte Pavel zu.

Der Richter begann mit seinem Hammer kräftig auf das Pult zu klopfen und rief: „Wo ist die Wache? Wache her."

Pavel winkte Franta zu, als würde er am Fenster eines gerade abfahrenden Zuges stehen.

Der Staatsanwältin, die vor Erregung am ganzen Körper zu zittern begann, fiel der linke Ohrring herunter und landete auf Malý s Knien. Diese pressten sich mechanisch zusammen. Malý wagte nicht, sich zu rühren.

Unschlüssig, was die beiden jetzt machen sollten, betrachteten die Staatsanwältin und Malý gleichzeitig, jeweils aus einer anderen Perspektive, das kleine silberne Stück auf seinen Knien. Die Intensität mit der sie das taten, veranlasste nicht nur die Umsitzenden, sondern vor allem die Menschen auf der Zuschauertribüne, die den Fall des Ohrrings nicht gesehen haben konnten, den Blicken der beiden zu folgen. Natürlich vermuteten sie hinter der Szene etwas Wichtiges. Der Richter, der immer noch damit beschäftigt war, mit seinem Holzhammer auf die Tischplatte zu klopfen, stand auf. Er verließ sein erhöhtes Richterpult und ging auf Malý zu. Als er knapp vor ihm stand, nahm Malý den Ohrring in die Hand. Er drehte sich zu der Staatsanwältin: „Bitte schön gnädige Frau."

Es war die Anrede, die das Gesicht der Staatsanwältin augenblicklich zum Strahlen brachte. Sie war noch nie so angesprochen worden.

„Was wird denn hier eigentlich gespielt?" Der Richter, der die ganze Szene nicht verfolgt hatte, wurde nervös.

Die Staatsanwältin, die immer noch Malý ansah und lächelte, meinte: „Ich denke, wir sollen unsere Entscheidung noch einmal überdenken."

„Sie meinen also ...?"

„Genau das meine ich ..."

Alle Augen der Anwesenden sahen auf den Richter der, sich seiner Bedeutung bewusst sehr langsam zu seinem Stuhl zurückkehrte.

„Im Namen des Volkes verurteile ich Herrn Ingenieur Male zur drei Jahren Haft. Da er bereits fast 2/3 in der geschlossenen Anstalt in Bohnice verbracht hat, wird Herrn Malý der Rest von 10 Monaten erlassen. Er wird auf Bewährung frei gelassen."

Kapitel 35

Das Gesprächsthema für diesen und die folgenden Abende war gesichert. Die Männer fragten sich, ob es tatsächlich Malýs galantes Auftreten gewesen war, das zu dem überraschenden Ausgang der Prozessverhandlung geführt hatte? Welchen Einfluss hatte Frantas Auftreten auf die Entscheidung des Richters gehabt? Oder war es der Ohrring gewesen? Man war sich jedenfalls einig, dass die Situation äußerst grotesk war. Sie lachten über die Szene, tranken ihr Bier dazu, dann lachten sie wieder. Sie malten sich aus, was geschehen wäre, wenn die Staatsanwältin Malý zwischen die geschlossenen Knie gefasst hätte. Man stellte es sich vor und lachte noch mehr. Irgendwann wurden sie ein wenig ernst und diskutierten, ob Malý, der sich wünschte, voll rehabilitiert zu werden, doch noch in die Berufung gehen sollte oder besser nicht.

Als ich ein paar Tage später in Prag ankam, wurde auch ich nach meiner Meinung gefragt: „Ganz spontan würde ich sagen, er soll froh sein, dass er aus Bohnice heraus ist."

„Das stimmt, aber damit wird er erstens nicht rehabilitiert, woran ihm verständlicher Weise sehr liegt, und zweitens bekennt er sich damit quasi auch schuldig", erwiderte Mirek, der neben mir am Stammtisch stand.

„Ich habe mir extra einen Anzug geliehen. Von einem Kumpel, um einen guten Eindruck zu machen", berichtete Pavel.

„Das mit den Haaren, das war mein Tipp", ergänzte Mila.

„Ich neige auch dazu, die Sache auf sich beruhen zu lassen", stellte Wenzel fest, der sich ein wenig über die seiner Meinung nach unwichtigen Zwischenbemerkungen der beiden Männer ärgerte.

„Wollt ihr damit sagen, dass alles nur eine reine Glückssache war, und wenn es diese Geschichte mit dem Ohrring nicht gegeben hätte, Malý noch jetzt in Bohnice sitzen würde?" Als ich die zustimmend nickenden Gesichter sah fügte ich hinzu: „Dann sollte man es sein lassen. Übrigens, was macht Dein Fall mit dem Polizisten?"

„Dem, den wir bei Dir im Fernsehen gesehen haben?"

„Ja"

„Nichts, besser gesagt noch nichts. Die Gerichte sind überlastet, sagt man mir."

„Normalisierung ist angesagt, meine Herren."

Frantas Bemerkung ließ alle Anwesenden aufhorchen. Die Zeiten, in denen man über ihn gelästert hatte, schienen längst der Vergangenheit anzugehören. Nicht, dass man ihn jetzt liebte, doch durch sein Auftreten während des Prozesses, hatte er sich mit einem Mal bei allen Achtung erworben.

Auch wenn er es sich nicht zugestanden hätte genoss Franta die auf sich gerichteten Blicke: „Es ist doch so, jede Revolution hat ihre eigenen Kinder. Wenn sie vorbei ist, kehrt der Alltag zurück und der braucht Technokraten, das war schon immer so."

„Diesmal ist es aber anders", widersprach Pavel und ergänzte: Malý ist der Beweis."

Franta überlegte angestrengt, seine Behauptung durch Beweise zu untermauern. Er sah Pavel lange lächelnd an, nahm einen kräftigen Schluck aus dem Bierkrug und schwieg.

Zur selben Zeit saß Ingenieur Malý unweit der Kneipe „Beim heiligen Wenzel" im sogenannten Baumgarten auf einer Bank und dachte nach. Den dritten Tag genoss er schon die Freiheit, die für ihn damit begonnen hatte, dass ihm ein Mann im weißen Kittel eine große blaue Plastiktasche in die Hand gedrückt hatte und sagte: „Hier unterschreiben."

Malý sah das Stück verwundert an. Er konnte sich nicht erinnern, jemals eine solche Tasche gehabt zu haben.

„Unterschreiben", wiederholte die Stimme.

Im selben Moment spürte Malý, dass ihm der Mann einen Kugelschreiber zwischen die Finger klemmte. Den Bruchteil einer Sekunde lang überlegte Malý zu sagen, dass ein Irrtum vorlag, dass die Tasche ihm gar nicht gehörte, er sie vielmehr zum ersten Mal in seinem Leben sehe. Sie würden es als einen Beweis ansehen, dass ich doch verrückt bin, sagte er sich, während er schon auf der vorgeschriebenen Zeile fein säuberlich Malý hinschrieb. Das Erstaunen, Inhaber einer ihm bis dahin unbekannten Tasche zu sein, hatte Malý so beschäftigt, dass er vergaß nach seinen persönlichen Sachen zu fragen.

Jetzt saß er auf der Bank und überlegte, zum wievielten Mal er schon diese Tasche durchsucht hatte, um festzustellen, dass keines der Kleiderteile ihm gehörte? Sollte er hingehen? Die Tasche zurückgeben und höflich bitten, ihm seine persönlichen Sachen auszuhändigen? Malý wusste, dass dies das Vernünftigste wäre. Gleichzeitig war ihm klar, dass er nie wieder das Eingangstor von Bohnice betreten wollte. In Gedanken zählte er die einzelnen Gegenstände auf, von denen er überzeugt war, sie bei seiner Einlieferung mit Sicherheit gehabt zu haben. Am meisten tat es ihm um die Taschenuhr leid. Obwohl nicht wertvoll, stammte sie von seinem Großvater. Vom strengen Nachdenken erschöpft, nickte Malý ein.

Im Traum fuhr er im Auto die breite Straße von Chomutov in Richtung deutsche Grenze. Am Straßenrand standen mehrere junge, ausgesprochen hübsche Frauen. Zwischen ihnen erkannte er die Staatsanwältin, sie winkte ihm zu und rief: „Ich mache es dir besonders gut. Eine halbe Stunde für nur einen Hunderter."

„Was machen Sie denn hier", fragte Malý überrascht.

„Arbeiten, mein Süßer."

„Ich verbitte mir diese Anrede", rief Malý ärgerlich. Er wachte auf und sah um sich, es dämmerte bereits.

Am nächsten Tag stand Malý kurz vor 9 Uhr in Wenzels Büro.

„Ich bin froh, dass Sie gekommen sind. Was haben Sie denn jetzt vor?"

„Ehrlich gesagt, weiß ich es noch nicht so genau."

„Leute wie Sie brauchen wir hier, aber vor allem draußen. Sprechen Sie Deutsch?"

„Selbstverständlich."

„Ich kann mir vorstellen, dass Sie im Moment hier keine festen Verpflichtungen haben."

„Nein"

„Sie könnten also sofort fahren?"

Zwei Stunden später hatte Malý die notwendigen Unterlagen unterschrieben. Mit sofortiger Wirkung wurde er an die Tschechoslowakische Botschaft nach Bonn abgeordnet.

Kapitel 36

Obwohl Lutz gesellschaftliche Empfänge nicht sonderlich mochte, nahm er an sehr vielen teil und dies regelmäßig. Stets, wenn er eine Einladung vor sich liegen sah, spürte er ein kurzes Stechen in seiner linken Brusthälfte. Es war ein Zeichen freudiger Aufgeregtheit.

Er las den Absender und wusste, dass er bedeutend war. Schon deswegen würde Lutz die Einladung wahrnehmen. Auch diesmal, als er das Büttenpapier mit dem Wappen der Tschechoslowakischen Regierung betrachtete und darunter den Text las, wusste er, dass er auf seinen Ausritt würde verzichten müssen, um an dieser Veranstaltung teilzunehmen.

Während Lutz in dem geräumigen Raum nach Bekannten suchte, trat einer der Kellner vor ihn und bot ihm ein Pilsner an. Mit ihm in der Hand ging Lutz ein paar Schritte durch den großen Raum. Eher aus Verlegenheit blieb er bei einer kleinen Gruppe stehen, die sich angeregt auf Deutsch unterhielt.

„Bei der Frage der möglichen Kontakte zwischen den Inkas und den Ägyptern tappen die Wissenschaftler nach wie vor im Dunkeln", stellte ein dicklicher älterer Mann fest.

„Abgesehen davon, dass man gar nicht beweisen kann, ob sie tatsächlich parallel geherrscht haben oder nicht. Bis jetzt wird diese Theorie verneint", antwortete Malý.

„Naja, meine Herren. Wie wir wissen, sind die wissenschaftlichen Abhandlungen dazu da, um widerlegt zu werden", warf ein gleichfalls älterer Mann ein.

„Gott sei Dank, nehmen wir zum Beispiel Marx", stellte Malý fest und alle lachten.

„Endlich wird in Europa wieder Ordnung einkehren", mischte sich Lutz ein.

Malý , der gedanklich wieder bei der Geschichte war, meinte: „Eins ist aber sicher, man hat Parallelitäten in der Bauweise der Pyramiden festgestellt."

„In diesem Fall ist es wohl sehr schwierig, einen Beweis zu liefern. Ich gehe davon aus, dass Sie sich mit dieser Thematik schon seit Jahrzehnten beschäftigen."

Malý lachte laut auf: „In den, wie sie sagen, letzten Jahrzehnten, habe ich mich mit dem Ausbaggern von Teichen in Südböhmen befasst."

Lutz sah Malý ungläubig an, der noch schmächtiger war, als er selbst. Die Tschechen sind wohl alles Schwejks, dachte sich Lutz und entfernte sich von der Gruppe.

Grundsätzlich war es Lutz überhaupt nicht recht, ausgerechnet hier auf Manfred zu treffen. Er vertrat den Standpunkt, dass solch ein Empfang etwas ist für Auserwählte wie ihn. Zu ihnen zählte er Manfred nicht. Als Lutz Manfred sah, überlegte er kurz, sich wegzudrehen, doch Manfred ging, bereits sprechend, zielstrebig auf ihn zu: „Sie haben gerade mit dem neuen Botschafter gesprochen, wunderbar. Ich wusste es schon immer, Sie sind ein geborener Diplomat." Manfred streckte ihm die Hand entgegen: „Es ist immer gut, die Diplomaten im Boot zu haben, man weiß ja nie."

Lutz konnte sich nicht vorstellen, dass der schmächtige Mann, der über Pyramiden und Bagger sprach, der neue Botschafter sein sollte. Er verstand daher Manfreds Bemerkung nicht. Da er dies aber unter keinen Umständen zugeben wollte, pflichtete er ihm bei, indem er wiederholte: „Man weiß ja nie." Und nach einer kurzen Pause fügte er hinzu: „Ich muss jetzt wieder gehen, die Pflicht ruft, also bis bald."

Wieder im Büro versuchte Lutz sofort Mila in Prag anzurufen, um ihn zu fragen, wie der neue Botschafter aussieht und was er früher gemacht hatte. Doch Mila ging nicht ans Telefon. Weder an diesem, noch an den beiden folgenden Tagen.

Dies hatte folgenden Grund: Vor circa zwei Wochen hatte ein älterer Herr Milas Büro betreten. Der große, gut gewachsene,weißhaarige Herr, in dessen Gesicht man sein schweres Leben wie in einem Lesebuch nachlesen konnte, wollte sich bei Mila über die Partei informieren. Auf sein gebrochenes Tschechisch antwortete Mila in fließendem Deutsch. Die tiefen Falten im Gesicht des Fremden verloren ein wenig an Schärfe. Er fragte, hörte aufmerksam zu und war mehr als zufrieden mit dem, was er erfuhr. Schon bald glaubte er, in Mila den Mann gefunden zu haben, den er gesucht hatte.

„Wissen Sie, ich widme mich vor allem der Fortbildung von jungen Menschen. Unweit von Eger haben wir eine Tagungsstätte. Ich wollte Sie fragen, ob Sie nicht dort hinkommen und uns referieren würden, natürlich gegen ein gutes Honorar", fügte der Fremde namens Werner nach einer kurzen Pause hinzu.

Mila sagte „Ja" und fuhr hin. Tagungsstätten kannte er seit seiner Kindheit, denn nichts war im Sozialismus so populär wie Tagungen. Meist fanden sie in gleich aussehenden Gebäuden statt, die kurz nach dem Krieg gebaut worden waren und in Räumen, die identisch eingerichtet waren.

Ähnliches erwartete er, als er kurz nach dem Grenzübergang bei Aš scharf links abbog. Im eigentlichen Ort, den er nach ein paar Kilometern leicht fand, fragte er vorsichtshalber noch einmal nach dem Weg. Der Mann, den er fragte hob nur den Kopf. Mila folgte seinem Blick, über ihm ragte eine mittelalterliche Burg. Die Bayern verstehen mein Deutsch nicht, sagte sich Mila, fuhr weiter, um nach ein paar hundert Metern erneut zu fragen.

„Mei, Sie sind vorbei, droben aufi", klärte ihn eine ältere Frau auf.

„Es beruht auf Gegenseitigkeit. Ich verstehe sie auch nicht", stellte Mila ein wenig entmutigt fest und kehrte wieder in den eigentlichen Ort zurück. Eher aus Verlegenheit, als aus Überzeugung, fuhr er zur Burg hinauf. Er stieg aus, ging über die Hängebrücke, dann las er, was auf einem großen goldenen Schild in schwarzen, ein wenig altmodischen Buchstaben stand: „Tagungsstätte treuer Männer." Sein Blut floss schneller durch die Adern. Sein Puls schien zu rasen, eine Wärme breitete sich in seinem Körper aus, die ihn glücklich stimmte. In diesem Moment nahm er sich vor, dass dies sein künftiger Brotgeber werden sollte. Diesen Vorsatz sah er von Schritt zu Schritt, während er in das Innere des alten Gemäuers trat, später dann von Stunde zur Stunde mehr bestätigt.

Jetzt saß er ein wenig unsicher im großen, geräumigen Speisesaal, inmitten von mehr als dreißig glatt rasierten, jungen Männern in dunklen Anzügen mit Krawatte, deren schwarze Lackschuhe so glänzten, als wären sie gerade erst hergestellt worden.

Werner, der neben ihm saß, nahm einen kleinen silbernen Löffel in die Hand und klopfte mit ihm zweimal ganz kurz gegen das Weinglas. Im selben Moment entstand eine Totenstille. Werner erhob sich: „Meine jungen Freunde. Ich habe für Sie eine ganz besondere Überraschung. Ich möchte Ihnen einen echten Tschechen vorstellen, der tatsächlich von drüben kommt."
Mila spürte die Wärme in seinem Körper noch intensiver. Einige kleine Schweißperlen bildeten sich auf seiner Stirn. Er griff in seine Sakkotasche nach seiner Zigarettenpackung, zog mit zitternden Händen eine Sparta heraus. Er hörte seinen Namen, besser gesagt, etwas, was sein Name gewesen wäre, wenn man ihn richtig ausgesprochen hätte, und stand mechanisch auf. Dreißig Fäuste klopften auf den Tisch, Mila setzte sich wieder hin und steckte seine Sparta zurück in die Schachtel.

Das Essen wurde serviert, dazu Wein. Dann hielt Werner eine Rede über die Bedeutung der Heimat für den Einzelnen und das Volk im Allgemeinen. Mila fiel auf, mit welcher Konzentration, ja beinahe Faszination ihm die kurzhaarigen, adretten Männer zuhörten. Während der fast zweistündigen Rede nahm keiner das Glas in die Hand, keiner rauchte. Das imponierte Mila. Auch wenn ihm klar war, dass er lieber rauchen würde, schon zur Beruhigung, anstatt wie jetzt, die zitternden Finger zur Ruhe zu zwingen.

„Es lebe das Recht auf Heimat ..." In diesem Augenblick erhoben sich die Anwesenden und applaudierten.

Am nächsten Vormittag hielt Mila seinen Vortrag, dem sich eine lange Diskussion anschloss. Die jungen Männer wollten von ihm vieles wissen, über die Situation in der Tschechoslowakei früher, jetzt und in der Zukunft, über seine Einstellung gegenüber der früheren Politik und der jetzigen Politik in Prag. Aber vor allem gegenüber den Deutschen. Als Mila ihnen sagte, die tschechische Seite müsse ihre Meinung gegenüber den Vertriebenen überdenken, waren sie zufrieden.

„Es war gut so", sagte Werner, als er Mila bis zur Hängebrücke begleitete und ihm einen Tausendmarkschein in die Hand drückte. Mila starrte fassungslos den Schein an. Natürlich hatte man ihm ein Honorar versprochen. Dass er gleich so viel bekommen würde, rührte ihn beinahe. Schnell rechnete er es in Kronen um. Es war höher als das Monatsgehalt, das ihm seine Partei zahlte. Seinen Vorsatz, mit Werner eng zusammen zu arbeiten, wurde fast schon zur Gewissheit.

*

Drei Stunden später, in seinem Büro, holte ihn der Alltag wieder ein. Mitten auf seinem Schreibtisch lag ein großer weißer Zettel: „Kann dich nicht erreichen, melde dich sofort, Klara."
Während Mila das Papier zusammenknüllte, klingelte das Telefon. Klara teilte ihm mit, dass die morgige Pressekonferenz auf 16.00 Uhr verschoben werden musste, weil das Flugzeug aus Köln erst um 14.30 Uhr in Ruzyne landete.
„Es kommen doch ständig Flugzeuge aus aller Welt und aus ganz Deutschland hier an. Was hat ein Flugzeug aus Köln mit unserer Pressekonferenz zu tun?"

Klara, die seit Tagen die Termine zwischen Lutz in Bonn, Manfred in Nürnberg und Prag koordinierte, hängte ärgerlich ein.

Im selben Moment wusste Mila wieder, was er zu tun hatte. Aus seiner Schreibtischschublade zog er die großen Papierbögen und die kleinen Zettel auf denen die einzelnen Programmpunkte standen.

Kapitel 37

Kurz vor 14.30 Uhr betrat Mila, die Fahne seiner Partei tragend, die Ankunftshalle des Prager Flughafens. Er war mit sich mehr als zufrieden. Nicht nur war es ihm gelungen, die einzelnen Termine aufeinander abzustimmen. Er hatte die Schwarzen Barone gebeten, ihm ihren BMW 700 samt dem Fahrer, Herrn Lipsch, zu leihen.

Als die einzelnen Fluggäste in der Tür erschienen, begann Mila die Fahne zu schwenken.

„Ich bin beeindruckt. Das haben wir noch nicht geschafft", sagte Lutz statt einer Begrüßung.

„Ich bin beeindruckt", wiederholte er, als er auf dem Rücksitz des weißen BMW platziert wurde. Diese Aussage wiederholte er während der Fahrt mehrfach.

Ich, die gleichfalls extra wegen dieser Pressekonferenz nach Prag gekommen war und jetzt bewusst in der vorletzten Reihe saß, hörte aufmerksam zu, als Lutz sagte:

„Ich bin froh, ja beinahe stolz darauf, dass wir uns quasi als Geburtshelfer unserer Partei in der Tschechoslowakei bezeichnen können. Mit allen uns zur Verfügung stehenden Mitteln werden wir ausschließlich diese eine Partei unterstützen. Sie allein ist der Garant für Freiheit in ganz Europa."

In diesem Moment ergriff Manfred Klaras Hand. Sie entzog sie ihm sofort.

Ich blickte um mich und bemerkte, dass ich die Einzige war, die nicht mitgeklatscht hatte. Ich bekam das Gefühl, die Einzige hier zu sein, die sich der Konsequenzen aus der Rede von Lutz bewusst war. Es stimmte mich traurig. Als erste verließ ich die Pressekonferenz.

Der aufregende Teil dieses Tages begann für einige der Akteure erst nach der eigentlichen Veranstaltung.

Klara, die vermutet hatte, dass Manfred kommen würde, hatte sich vorgenommen, mit ihm ein sogenanntes „ernstes Wort" über ihre Beziehung zu sprechen. Immer wieder stellte sie sich das Gespräch vor. Jetzt, wo sie mit Manfred vor dem Slawischen Haus auf der Straße stand, wusste sie nicht so recht, wie sie es anfangen sollte.

„Ich muss meine Sachen noch aus dem Schließfach holen", sagte Manfred, der erst mittags mit dem Zug angekommen war.

„Das geht nicht."

„Hast du noch eine Verhandlung?" Manfred sah auf die Uhr. Es war kurz vor 18 00 Uhr.

„Natürlich nicht, aber ...", stellte Klara ärgerlich fest.

„Was aber?"

Klara sah um sich, als würde sie einen Rat von den vorbeigehenden Passanten erwarten, dann stampfte sie kurz mit dem linken Bein auf: „Ich will es nicht." Sie drehte sich nach rechts und lief in Richtung Wenzelsplatz.

In diesem Moment trat Lutz mit Mila aus der Tür des Slawischen Hauses.

„Also mein Freund, wohin gehen wir", fragte Lutz Manfred, obwohl er lieber mit Mila alleine gewesen wäre.

„Natürlich zu den Malern", stellte Manfred fest, der unter keinen Umständen wollte, dass einer der beiden Männer von seiner Auseinandersetzung mit Klara erfuhr.

Mila fiel das Abendessen mit Manfred in diesem Lokal ein, wagte aber nicht, etwas zu sagen, seine Hände begannen jedoch mehr zu zittern als üblich.

„Aber vorher führen Sie uns in die Pariser Straße, schließlich will ich sehen, wo wir unser Domizil aufschlagen", regte Lutz an.

Beim gedämpften Licht des Lokals und als man bei dem schweren ungarischen Egerer Stierblut angelangt war, zog Lutz einen dicken Briefumschlag aus der Brusttasche seines Sakkos: „Hier", sagte er und drückte Mila den Umschlag in die Hand.

Mila, der gewöhnt war nur Bier zu trinken und heute wesentlich mehr Wein getrunken hatte, als er vertrug, steckte seinerseits den Umschlag mechanisch in seine Sakkotasche.

Es war fast schon Mitternacht, als Wenzel durch das kleine Guckloch in seiner Wohnungstür Manfreds trauriges Gesicht sah. Wortlos führte er ihn in die Küche. Er setzte ihn auf einen Stuhl und goss ihm und sich einen Sliwowitz ein. Dann meinte er: „Sie sind alle schlecht, die Weiber. Prost, mein Freund." Während Wenzel das Glas hob, fiel ihm auf, dass Manfred weinte.

Wenzel beugte sich über Manfred: „Sie will keinen von uns beiden." Jetzt hatte auch er Tränen in den Augen.

*

Als am kommenden Morgen Mila seinen einzigen Anzug wieder anzog, fiel der Umschlag aus dem Sakko heraus. Er hob ihn auf, öffnete ihn und sah die Geldscheine. Der gestrige Abend fiel ihm ein. Er versuchte sich zu erinnern, von wem er das Geld bekommen hatte, es gelang ihm nicht.

Mila setzte sich auf einen der beiden Stühle, die er in seiner Wohnung besaß und begann das Geld zu zählen. Es waren 35 Tausendmarkscheine. Wie jeder Tscheche rechnete Mila das Geld sofort in tschechoslowakische Kronen um. Bei der Summe 700 000 Kronen wurde Mila schwarz vor Augen und er versuchte sich vorzustellen, was er alles mit diesem Geld machen könnte. Doch die Zahl war so überwältigend, dass ihm nichts Richtiges einfallen wollte. Als wollte er sich vergewissern, dass er sich nicht verrechnet hatte, zählte er die Scheine erneut. Nein, es waren tatsächlich 35 Tausender. Manfreds

Versprechen, ihm 13 000 DM zu geben, fiel ihm ein. Jetzt wusste er gar nicht mehr, von welchem der beiden Männer und zu welchem Zweck er das Geld erhalten hatte. Während er die ganze Summe wieder in den Briefumschlag steckte, überlegte er kurz, ob er das Geld sofort auf die Bank bringen sollte.

Nein, das geht nicht. Ich habe kein Devisenkonto und eines einzurichten geht auch nicht ohne weiteres, sagte sich Mila und legte den Umschlag unter seine Bettmatratze.

Im Büro angekommen rief er Lutz im Hotel an, um ihn zu fragen, was er mit dem Geld machen solle. Als ihm an der Rezeption gesagt wurde, dass der Gast bereits abgereist war, fühlte sich Mila erleichtert. Vorerst hatte er das Geld, das ihm ein bis jetzt nicht gekanntes Gefühl von Reichtum vermittelte. Und was weiter geschah, darüber wollte er sich im Augenblick nicht den Kopf zerbrechen. „Sie werden sich schon melden", sagte sich Mila und lehnte sich in seinem hölzernen Stuhl, soweit es ging, zurück.

Kapitel 38

Seit den frühen Morgenstunden schlenderte Lutz durch die Gassen der Prager Altstadt. Je länger er unterwegs war, umso mehr war er von der Stadt fasziniert. Hier, so empfand er, war der richtige Boden für seine politischen Vorstellungen. In einem dieser phantastischen Häuser sitzend und herunter auf die Fußgänger schauend, würden seine Ideen in ganz Europa, und vielleicht auch darüber hinaus, verbreitet. Nur mit Mühe schaffte er es, rechtzeitig den letzten Flug an diesem Abend nach Köln zu bekommen. Er nahm sich vor, so bald wie möglich wieder nach Prag zu kommen, um seine Vorstellungen in die Tat umzusetzen.

Als er zwei Wochen später Mila anrief und ihm schlicht mitteilte: „Also ich komme morgen mit dem Flieger um sieben", geriet Mila in Panik. Im selben Moment fielen ihm das Geld unter seiner Matratze und der Maler Mucha ein. Er wollte noch etwas als Entschuldigung ins Telefon sagen, die Stimme versagte ihm jedoch ihren Dienst, dann hatte Lutz bereits aufgelegt.

Wenigstens so tun, als hätte ich das mit dem Bild versucht, dachte sich Mila und wählte die ihm bekannte Nummer. Eine freundliche weibliche Stimme teilte ihm am anderen Ende der Leitung mit, dass diese Nummer nicht mehr vergeben war und er die Auskunft anrufen möge. Dort sagte man ihm, dass unter dem Namen dieser Partei überhaupt keine Telefonnummer registriert wäre.

Im ersten Moment freute sich Mila. War es doch ein Zeichen, dass diese Partei nicht mehr existent war. Dann jedoch wurde ihm bewusst, dass damit die einzige ihm bekannte Quelle, über die er ein Gemälde des Malers Mucha bekommen könnte, versiegt war. Über eines war sich Mila klar, er musste Lutz davon abhalten, dass er ihn weder nach einem Mucha noch sonst nach dem Geld fragt.

Klara fiel ihm ein. Sie sah nicht nur gut aus, sie besaß auch ein anständiges Auto, einen Ford. Wenn es ihm gelang, sie von der Notwendigkeit zu überzeugen mitzukommen, würde er gleich zwei Ziele erreicht haben. Mila lachte über seinen guten Einfall. Im festen Glauben, sie wäre sowieso nicht zu erreichen, wählte er mechanisch ihre Büronummer und war mehr als überrascht, dass sie selbst am Apparat war.

Er hatte Recht behalten. Als Lutz Klara neben Mila stehen sah, strahlte sein Gesicht:

„Eine tolle Idee, mein Freund", flüsterte er Mila ins Ohr, während er ihm die Hand kräftig drückte.

„Also, ich habe es mir genau überlegt. Daraus machen wir eine ganz große Nummer. Das passende Kleingeld habe ich auch schon mit", lächelnd klopfte Lutz mit der rechten Hand auf den Deckel des kleinen schwarzen Lederkoffers, den er vor seine Beine, hinter dem Fahrersitz, platziert hatte und fuhr fort: „Von hier aus werden wir die Ideen in die ganze Welt senden. Mir wird das gelingen, was den Deutschen in Böhmen im letzten Jahrhundert nicht gelungen ist, mehr noch. Von hier aus wird der Liberalismus erneuert." Er unterbrach sich kurz, betrachtete Klaras Profil, unbewusst strich er seine Haare zu Recht.

Die restliche Fahrt von fast 25 Minuten sprach er darüber, wie beeindruckt er von sich selbst war, da er sich hier in Prag am Aufbau des Staates beteiligte.

Das Auto hielt vor dem Hotel Ambassador. Mila sprang raus, hielt Lutz die Tür offen.

„Mein Gott, bin ich beeindruckt", stellte Lutz fest, stieg aus, dann fragte er:

„Wohin gehen wir heute?"

„Nicht wieder zu den Malern", bat Mila.

Als auch Klara ihre ablehnende Haltung bekundete, wunderte sich Lutz zwar ein wenig, hakte aber nach: „Wollen Sie mir sagen, es gäbe hier mehrere Lokale dieser Qualität?"

„Natürlich", meinte Klare, ein wenig beleidigt.

„Wunderbar ... also nichts wie hin ..."

*

Zur selben Zeit saß Mirek mit mir in Matuš Wohnung, wo wir die neue Zeitungsnummer besprachen. Seitdem der von ihm herausgegebene „Kurs 99" sein Erscheinen aus Kostengründen hatte einstellen müssen, arbeitete Matuš an der Zeitung des Tschecho-Slowakischen Kongresses voll mit. Im Augenblick war es die einzige liberale Zeitung, die in beiden Teilen der Föderation der Republik erschien.

Da die Frage der Teilung des Staates inzwischen täglich diskutiert wurde, betrachteten die Herausgeber der Zeitung ihre Arbeit als einen letzten Beweis für den Zusammenhalt der Republik. Für Matus Grund genug mitzuarbeiten.

„Es muss uns gelingen, mehr Reklame in die Zeitung zu bekommen." Mit dieser Feststellung hat Mirek den Schwachpunkt der Zeitung angesprochen, der jedem klar war, aber über den man nicht gerne sprach.

„Ich kann mich an eine Reklame aus meiner Kindheit erinnern", begann ich zu erzählen: „Im Radio wurde irgendein tolles Mittel angepriesen, welches, das weiß ich nicht mehr. Es war eine der ganz wenigen Reklamen, die überhaupt gesendet wurden. Als ich das bestimmte Produkt in der Drogerie kaufen wollte, sah mich der Verkäufer erstaunt an. Er hatte noch nie davon gehört. Für Reklame gibt es in diesem Staat keine Tradition."

„In diesem Land gibt es für nichts eine Tradition", warf Matuš ein.

„Wir müssen verstärkt die Firmen ansprechen, damit sie bei uns eine ganze Seite kaufen", stellte Mirek fest.

„Das ist doch illusorisch. Entweder gibt es Staatsbetriebe oder es sind Ein-Mann-Betriebe und die haben kein Geld", meinte Matuš.

„Das hat aber auch mit unserer Leserschaft zu tun. „Wir haben zu wenige", meinte ich.

Mirek begann, ungeduldig hin und her zu gehen: Wir müssen einfach besser werden."

„Wir sind nicht schlecht. Aber wir haben praktisch keine Stammleser. Im Gegensatz zu Pravo und den anderen Zeitungen, die es schon im Sozialismus gab." Matuš und dessen Rechtfertigung überzeugte Mirek nicht: „Eigentlich müssten wir alle diejenigen als Leser gewinnen, die im November 89 auf die Straße gegangen sind. Die forderten doch die Freiheit und wollten nicht weiterhin von denselben Journalisten informiert werden, die sie schon zu Sozialismus-Zeiten berieselt haben."

„Wenigstens diejenigen Leser, die gegen die Spaltung sind", forderte Matuš.

„Ich weiß nicht, wie wir das machen sollen", stellte ich mit resignierender Stimme fest.

*

Kurz nach Mitternacht verließen zwei junge Ukrainerinnen die Kneipe „Bei den hungrigen Bären", die sich in der Nähe des Hotels Ambassadors befand. Das viele Pilsner Bier, das sie nicht gewöhnt waren, stimmte sie fröhlich. In dieser Stimmung, und aus Spaß am Leben, zogen sie hier und da an den Fahrertüren der an der Straße parkenden Autos. Die Tür des roten Ford gab so schnell nach, dass eine von ihnen beinahe hineinfiel. Während sie die andere an ihrer Jacke zurückzog entdeckte sie den schwarzen Koffer hinter dem Fahrersitz. Es war ein schneller Griff.

Kapitel 39

Mila war nicht wenig erstaunt als eine Dame, in der er sofort die Staatsanwältin aus dem Fall Malý wiedererkannte, in Begleitung zweier uniformierten Polizisten an der Tür seines kleinen Büros klopfte und unaufgefordert eintrat. Nach einem kurzen „Guten Tag" zog sie ihren Dienstausweis aus einem kleinen, für diese Zwecke zu eleganten Täschchen so schnell heraus, dass er außer ihrem Gesicht, das auf dem Bild noch korpulenter aussah, als er es seit der Verhandlung mit Malý in Erinnerung hatte, nichts lesen konnte.

„Es ist nur pro forma, wir verstehen uns", und dann begann sie seine Schreibtischschubladen zu öffnen.

„Ich habe gewusst, dass es nicht stimmt", stellte sie fest, nachdem sie alle sechs Schubladen weit geöffnet hatte. Samt Polizisten verschwand sie so plötzlich wie sie gekommen war.

Mila holte tief Luft, mit zitternden Händen zündete er sich eine Sparta an und holte sich aus der obersten linken Schublade seines Schreibtisches eine kleine Flasche Cognac, öffnete sie und nahm einen kräftigen Schluck, dann einen zweiten. Während sich seine Hände allmählich beruhigten, begann sein Gehirn auf Hochtouren zu arbeiten, doch unter dem Einfluss des Alkohols, den er auf nüchternen Magen getrunken hatte, konnte er keinen klaren Gedanken fassen, der ihm diesen Besuch der Staatsanwältin hätte erklären können.

Irgendwann glaubte er doch zu wissen, weswegen die Staatsanwältin gekommen war. Die Durchsuchung stand sicher in Zusammenhang mit dem Geld, das nach wie vor in dem Briefumschlag unter seiner Matratze lag. In Panik verließ Mila das Büro, fuhr zum Hauptbahnhof und bestieg den ersten Schnellzug, der gerade abfuhr.

Es war tatsächlich mehr als ein Zufall, dass der Zug in den Mila eingestiegen war nach Eger fuhr. Er stieg aus, nahm ein Taxi und fuhr die paar Kilometer über die Grenze zur „Tagungsstätte treuer Männer."

„Ich wusste, dass Sie kommen und bei uns bleiben würden", stellte Werner fest, der ihm entgegen kam. Wie ein kleines Kind nahm er ihn an die Hand und ging mit Mila in den Speisesaal.

„Nehmen Sie Platz", Werner wies auf den freien Stuhl neben sich.

Mila strahlte. Er hatte das Gefühl zum ersten Mal in seinem Leben wirklich bedeutend zu sein. Er war der einzige Tscheche unter fast achtzig deutschen Männern.

*

Als ich am folgenden Tag am Kiosk kurz vor dem Einsteigen in die U-Bahn zwei Prager Tageszeitungen kaufte und diese überflog, fiel mir in der ersten Zeitung eine kleine Kurz-Meldung auf, die auf der zweiten Seite abgedruckt war: „Deutsche Stiftung überreicht eine Summe in Höhe von ..." Ich las die Summe und zuckte so zusammen, dass mein Körper nach links schwankte und den neben mir sitzenden jungen Mann berührte. Er sah mich erstaunt an. Ich vergrub mein Gesicht in die zweite Zeitung. Auch hier stand die Meldung auf der zweiten Seite. Ich stellte mir vor, wie Lutz Mila an einem geheimen Ort einen schwarzen Koffer voll Geld überreichte. Es war absurd, aber es stand nun einmal in beiden Zeitungen, und auch wenn diese gerne übertreiben, völlig abwegig war diese Meldung sicher nicht.

Mit dieser Summe im Rückhalt sind alle anderen liberalen Vereinigungen und Parteien völlig chancenlos, sagte ich mir und überlegte, was ich mit dieser Meldung anfangen sollte. Am einfachsten wäre natürlich, ich würde Mila direkt fragen, was daran stimmt, dann fiel mir meine Begegnung mit Mila „Bei Mucha" ein. Wie damals sah ich ihn mit den Fäusten auf den Tisch hauen und rufen: „Wir haben die Ideen, die sonst niemand hat."

Ideen haben sie, das muss man ihnen lassen. Hoffentlich haben aber die Herren aus Bonn nicht auf die Falschen gesetzt.

Einen Tag später, wieder zurück in Bayern, beschloss ich aus verständlichen Gründen nicht Lutz, sondern gleich in der Parteizentrale anzurufen. Auch diese hatte einen Sekretär. Ihm schilderte ich die Sachlage.

„Aber mit so etwas kann ich doch den Chef nicht belasten."
Ich hing den Hörer ärgerlich ein: Womit dann?

*

Die Pressemeldung, so knapp sie auch war, wurde „Beim heiligen Wenzel" ausführlich diskutiert. Jedoch weder am Tag ihrer Veröffentlichung noch an den folgenden kam man zu einem plausiblen Ergebnis. Mila, der einzige Mensch, der ihnen ihrer Meinung nach, die wahre Geschichte hätte erklären können, erschien an keinem der Tage. Sie fragten sich, ob sein Nichterscheinen etwas mit der Pressemeldung zu tun habe. Sie glaubten es zu wissen. Aber es gab zu vieles, was an diesen Tagen passierte, als dass man sich hätte länger als eben zwei bis drei Tage mit einer kleinen Pressemeldung beschäftigen wollen.

Kapitel 40

Allen, die in der Kneipe „Beim heiligen Wenzel" ihr tägliches Bier tranken und nicht nur ihnen, war von vornherein klar, dass das erste Parlament der Tschechischen Republik, aber auch das Gesamtparlament, also das föderale Parlament der Tschechen und Slowaken, nach zwei Jahren neu gewählt werden würde.

In dieser Zeit hofften die einzelnen Parteien und Gruppierungen mit Parteicharakter sich so zu profilieren, dass sie nicht nur wieder gewählt, sondern nach Möglichkeit stärker, als bei ihrer Gründung und in den darauf folgenden Monaten sein würden. Doch es sollte anders kommen. Wenn die einzelnen Mitglieder in den Parteien politisch erfahren gewesen wären, hätten sie vielleicht die kommenden Ereignisse vorausahnen, und womöglich auch verhindern können.

Wann begann der Zerfall des gemeinsamen Staates der Tschechen und der Slowaken eigentlich? Keiner, der in diesem Staat gelebt hatte, würde eine genaue Jahreszahl nennen können. Das Auseinanderbrechen war nicht wie ein Krebsgeschwür, von dem lange, bis fast zu den Metastasen keine Zeichen spürbar waren. Im Gegenteil. Schon nach seiner Gründung im Jahre 1918 waren die Schwachstellen im Staatskörper sichtbar gewesen. In der Öffentlichkeit vernahm man heftige Klagen. Sie kamen von weither, aus dem Osten des neuen Staates. Im fernen stolzen Prag hörte man sie nicht und wollte sie auch nicht wahrnehmen. Im Jahr 1920 genauso wenig, wie zehn Jahre später. 1938 brach der Staat zusammen, um nach dem II. Weltkrieg wieder aus dem Totenreich zum Leben erweckt zu werden. Zum Leben erweckt, aber nicht mit Leben gefüllt. In Jalta hatten sich die Großen dieser Welt darauf geeinigt. Weder die Tschechen noch die Slowaken wurden dazu gefragt. Die Vorstellungen des slowakischen Philosophen Jan Kollar, der im Namen der Humanität, nicht nur die Idee der slawischen Einheit und in ihrem Sinne gar den Versuch unternommen hatte, eine tschechoslowakische Nation mit eigener Sprache ins Leben zu rufen, hatten in der Republik spätestens seit dem Jahr 1948 keinen Platz mehr gehabt. Verwundert es, dass das angeblich im Namen des Proletariats aufgebaute Staatsmodell dann, nachdem die Menschen nicht mehr in Angst und Furcht leben mussten, zusammenbrach?

Die Anstrengungen einer einzigen Gruppierung des Tschecho-Slowakischen Kongresses, die versuchte, beiden Nationen nicht nur die Notwendigkeit des Zusammenhalts, sondern vor allem dessen persönliche und wirtschaftliche Vorteile zu erklären, waren gescheitert. Sie hatten weder die sogenannten breiten Bevölkerungsmassen noch wenigstens einen zählbaren Teil der Wähler erreicht.

Der Ruf nach einem eigenen Staat wurde im slowakischen Teil der Republik immer lauter, die Politiker reagierten. Spätestens seit dem Ende des Jahres 1991 war die Trennung eine beschlossene Sache. Die Auflösung des Tschecho-Slowakischen Kongresses war nur eine konsequente Nebenerscheinung. Ihre Mitglieder mussten einsehen, dass auch eine Parlamentskandidatur in der Tschechischen Teilrepublik sinnlos war.

*

In den frühen Abendstunden wirkte die Kneipe „Beim heiligen Wenzel" fast so leer wie im November 1989. Franta, der sich in den beiden letzten Jahren aus einer aktiven Tätigkeit bei den Kommunisten bewusst heraus gehalten hatte, entschloss sich, seine Passivität aufzugeben. Mehr denn je glaubte er, dass der Anspruch auf Gleichheit der Menschen und die Umsetzung dieses Zieles nur durch die Kommunisten erfolgen konnte. Dies war stets seine innere Überzeugung gewesen. Doch nachdem er sich in den letzten Monaten mit den Verbrechen der Kommunisten in den fünfziger Jahren auseinandergesetzt hatte, fühlte er sich verpflichtet, seiner Partei seine ganzen Erfahrungen zur Verfügung zu stellen. Sie sollte ein neues Image bekommen. Mit diesem Vorsatz betrat Franta an einem kalten Märztag des Jahres 1992 die Geschäftsstelle seiner Partei.

Während er die schweren Türen des riesigen Baus öffnete, überlegte er kurz, wie oft er dies in den letzten Jahrzehnten getan hatte. Die Zahl Zweitausend schien ihm absurd hoch zu sein, obwohl sie, wie er sich zugab, wohl stimmen könnte.

„Sie wünschen", fragte ihn der Pförtner, ein alter, sehr magerer Mann. Man hatte Franta zu kennen. Er sah verdutzt durch die Glasscheibe. Hinter ihr saß ein Mann und blätterte in einer Illustrierten, die eindeutig westlich war.

„Sie sind wohl neu?"

„Ich bin hier derjenige, der die Fragen stellt." Franta fiel der Ton auf, die knappe, befehlende Art. Zum ersten Mal in seinem Leben empfand er sie als unangenehm.

Auch das müssen wir ändern. Vielleicht sogar damit beginnen, sagte sich Franta und nahm sich vor, bewusst freundlich zu antworten:

„Ich will mich melden, für den Wahlkampf", ergänzte Franta.

„Ich habe Sie nach Ihrem Namen gefragt und nichts anderes." Die Stimme klang genauso unfreundlich wie vorher. Franta fiel auf, dass ihn dies nicht mehr sonderlich störte.

Zu lange war ich es gewöhnt, stellte Franta für sich fest, zog seinen Parteiausweis aus der Hosentasche heraus und reichte ihn dem Pförtner.

„Zweiter Stock, dritte Tür links", sagte der Mann, ohne Franta anzusehen.

Franta überlegte kurz, den Pater Noster zu nehmen. Er sprang in den etwa sechzig Jahre alten Fahrstuhl, um einige Augenblicke später an die genannte Tür anzuklopfen. Er trat ein, sah den ihm zugedrehten weiblichen Rücken, dann hörte er Zdenkas lachende Stimme. Sein Körper zuckte zusammen. Im selben Moment machte sein rechter Fuß einen Schritt rückwärts. Die Hand, die noch die Klinke hielt, drückte diese fest nach unten, die Tür ging zu, noch bevor sich Zdenkas Kopf in seine Richtung gedreht hatte.

„Das ging aber schnell, ... na ja wir müssen marktwirtschaftlich denken", stellte der Pförtner fest, während er Franta seinen Ausweis zurückgab.

Franta sah ihn abwesend an.

Er wusste nicht, wie lange er ziellos durch die Straßen ging. Der eine Gedanke, den er sich in den letzten Monaten immer wieder gestellt hatte: „Warum hat sie es mir angetan?", bemächtigte sich aller seiner Sinne. Franta spürte weder die Kälte seiner Finger noch die seiner Zehen. Zu Fuß ging er über die, bereits zu dieser Jahreszeit überfüllte Karlsbrücke und den nicht minder vollen Kleinstädter Ring, hoch über die Burg und dann wieder auf der anderen Seite herunter, und kam zur üblichen Zeit in der Kneipe „Beim heiligen Wenzel" an.

„Trink mal einen Sliwowitz", sagte der bucklige Wirt zu ihm, als er Frantas Gesichtsausdruck sah.

„Ich kann auch einen gebrauchen", rief Wenzel dem Wirt zu.

Sie tranken ihn ex, stellten die kleinen Schnapsgläser wieder hin, um den inzwischen vor ihnen stehenden zweiten Sliwowitz mit einem Schluck herunter zu spülen.

„Es tut gut", stellte Franta fest, der ansonsten kaum etwas außer Bier trank.

„An den werden wir noch denken, sage ich euch, ein echter slowakischer und seht euch die Flasche an ..."

Obwohl Wenzels und Frantas Augen Mireks Zeigerfinger folgten, konnten sie, abgesehen von der Größe der Flasche, es war eine Fünfliterflasche, nichts Besonderes erkennen.

„Made in Czechoslowakia steht drauf. Künftig werden wir den Sliwowitz aus dem Ausland beziehen, wenn er aus der Slowakei kommt", belehrte Mirek die anderen.

„Sag noch, dass ihr das mit eurem Miniverein hättet verhindern können", spottete ein wenig Wenzel.

„Vielleicht ist es noch nicht zu spät. Wir können noch mit den Slowaken verhandeln", schlug Franta vor.

„Was heißt wir? Du meinst doch wohl nicht die Kommunisten", hakte ein wenig verärgert Wenzel nach.

Franta fiel sein heutiger Gang in die Parteizentrale ein. Nein, er hätte das, was er vorhatte, nicht mit ihr aushandeln können. War es aber richtig gewesen, fluchtartig das Gebäude zu verlassen? Er schwieg.

Mirek spürte die angespannte Stimmung. Sein Ärger über den wohl bevorstehenden Zerfall des Staates kam in ihm hoch: „Nein, ihr habt es doch in der Hand gehabt. Ihr hättet mit den Slowaken verhandeln müssen und ...?"

Wenzel, der einzige unter ihnen, der ein politisches Mandat innehatte, fühlte sich zu Unrecht angegriffen. Er begann den Anwesenden darzulegen, was er persönlich für den Erhalt des gemeinsamen Staates der Tschechen und Slowaken geleistet hatte. Während er sprach, dachte Franta weiter an seine Beziehung zu Zdenka. Ratlos überlegte er, ob und mit wem er sich beraten könnte. Aus dem Grübeln riss ihn Wenzels Stimme: „Eigentlich müsste es mich freuen, einen Genossen so geknickt zu sehen. Er tut es aber nicht. Prost!" Wenzel hob den halbvollen Krug.

„In den letzten Monaten ist mir vieles klar geworden", stellte Franta fest, nachdem er seinen Krug wieder hingestellt hatte. Als er die fragenden Gesichter um sich herum sah, fügte er hinzu: „Die Macht verändert den Menschen. Sie schmeckt ..."

„Sie macht süchtig wie der Sliwowitz ...", ergänzte Mirek und rief dem buckligen Wirt zu: „Noch eine Runde!"

Kapitel 41

Der Frühling ließ dieses Jahr auf sich warten. Obwohl es bereits Mitte März war, spürte man in der Luft kaum etwas von ihm, noch sah man den Frühling den Bäumen und den Blumen an. Eine Ausnahme bildete hier, abgesehen von dem Süden Europas, der westliche Teil Deutschlands. Die Gegend um Bonn herum war bereits in voller Blüte.

Nach längerer Pause genoss Lutz die wärmeren Morgenstunden und nutzte sie zum Reiten. Die Zeit mit dem Pferd in der Natur stimmte ihn fröhlich. Vom Rücken des Pferdes aus nahm er die Umgebung anders wahr, als ein Spaziergänger. Lutz war fest davon überzeugt, sie genauer zu sehen und noch tiefer empfinden zu können, als jemand, der nur zu Fuß unterwegs war. Das Gesehene und Empfundene verschmolz zu einer Einheit, zu einem Landschaftsgemälde in dem er, Lutz, die zentrale Figur darstellte. Lutz versuchte sich vorzustellen, wie ihn wohl der Maler Mucha gemalt hätte. Es fiel ihm ein, dass er von dem Maler bis jetzt nur Porträts gesehen hatte. Er nahm sich vor, nach Landschaftsmotiven in den Werken von Mucha zu suchen. Dieser Gedanke gefiel ihm. Im selben Moment sagte er sich, dass in seinem Büro in Prag unbedingt ein Gemälde eines Mädchens mit großen Brüsten hängen sollte.

Die letzten zehn Minuten des Rittes stellte sich Lutz sein neues Domizil in der Pariser Straße vor. Bei diesem Gedanken verloren seine Gesichtszüge ein wenig an Härte, sie wirkten ein wenig milder als sonst.

Gut gelaunt betrat er gegen 10.30 sein Vorzimmer:

„Guten Morgen. Verbinden Sie mich mit Prag." Als Lutz das fragende Gesicht der Sekretärin sah, fügte er hinzu: „Natürlich unser Büro", und verschwand in seinem Zimmer.

„Da meldet sich niemand", sagte die Sekretärin per Telefon einige Minuten später.

„Das kann nicht sein. Es ist ein normaler Werktag. Das Büro ist besetzt und wahrscheinlich machen sie eine Mittagspause." Lutz sah auf die Uhr: „Nein, noch nicht. Versuchen Sie es weiter."

Lutz begann sich mit dem Verfassen einer der üblichen regelmäßigen Pressemeldungen über die Lage der Liberalen im Allgemeinen in Deutschland und als Koalitionspartner im Besonderen zu befassen. Vertieft in die Umformulierungen der Sätze einiger vor ihm liegenden Pressemeldungen älteren Datums zum selben Thema, vergaß er seinen Auftrag.

Das Klopfen an seiner Tür riss ihn aus den Gedanken.

„Diese Nummer existiert nicht", meldete ihm die Sekretärin.

„Liberalismus ist die staatstragende Kraft jedes demokratischen Staates." Lutz schrieb diesen Satz zu Ende, und ohne aufzublicken, stellte er fest: „Sie sind eine blöde Kuh."

„Ich habe die Auskunft angerufen", versuchte sich die Sekretärin zu verteidigen.

„Sehen Sie nicht, dass ich arbeite, gehen Sie", befahl er ihr. Die kleine sehr rundlich wirkende Frau verschwand.

Erst ein paar Augenblicke später wurde Lutz bewusst, was die Sekretärin gesagt hatte. Er rief sie an und ließ sich ihre Aussage wiederholen, dass die Nummer nicht mehr existierte.

„Was mache ich jetzt?"

Der Sekretärin fiel auf, dass er sie noch nie um einen Rat gebeten hatte. Sie überlegte kurz, ob und was sie sagen sollte, dann schlug sie vor: „Sie kennen dort doch einige Leute. Rufen Sie jemanden anders an."

„Eine ausgezeichnete Idee, wirklich fabelhaft. Sie übertreffen sich selbst ... Ja da gibt es diese gut aussehende Frau ..." Lutz, der vor sich

Klara sah, begann der Sekretärin ihr Äußeres zu beschreiben: „Sie ist noch recht jung und eine Figur hat sie, zum Anbeißen. Mein Gott, die müssten Sie mal sehen wie sie beim Gehen die Hüften schwingt, unmerklich, ein Genuss ..."

„Ich bräuchte die Nummer." Die sachliche Feststellung der Sekretärin riss Lutz aus dem Schwärmen heraus.

„Ja, die Nummer, die habe ich nicht, aber Sie werden sich schon zu helfen wissen. Wir haben sicher auch andere Kontakte nach Prag."

„Soll ich im Auswärtigen Amt nachfragen?"

„Das ist eine gute Idee, machen Sie es ..."

Wenzel hörte das Klingeln des Telefons bereits auf dem Gang. Mit raschen Schritten betrat er sein Zimmer, hob den Hörer ab, meldete sich. Als er am anderen Ende den Namen Lutz vernahm, zuckte er ein wenig zusammen. Die Erinnerung an die Worte von Lutz, mit denen er die liberale Partei während deren Pressekonferenz, öffentlich als die einzige in Frage kommende bezeichnet hatte, kam wieder hoch.

„Wie geht's?"

Wenzels Seufzen war durchs Telefon zu hören: „Viel zu tun. Wir sind mitten im Wahlkampf."

Jetzt war es Lutz, der seufzte: „Wieso Wahlkampf?"

„Sie wissen doch. In acht Wochen haben wir Neuwahlen."

Unsere Leute haben viel zu tun. Deswegen sind sie nicht zu erreichen. Ich muss ihnen einen Anrufbeantworter schenken, sagte sich Lutz, den die Nachricht, dass bald gewählt würde, doch überrascht hatte. Da er dies nicht zugeben wollte, bat er Wenzel: „Sie können mir sicher weiter helfen und mir die Nummer dieser hübschen Dame geben, die in unserer Partei so aktiv ist."

Der also auch. Sie treibt es wirklich bunt, dachte sich Wenzel ärgerlich: „Wozu brauchen Sie die Nummer?"

„Sie wissen schon. Unter uns Männern brauche ich es Ihnen nicht zu erklären. Sie wissen schon", wiederholte Lutz, der nicht zugeben wollte, dass er Mila nicht erreichen konnte. Dann fügte er hinzu: „Ich könnte auch ..." Bevor er den Satz zu Ende sprechen konnte, fiel ihm Wenzel ins Wort:

„Können Sie nicht. Trotz ihrer Finanzspritze oder gerade wegen ihr, existiert diese Partei gar nicht mehr. Auf Wiederhören." Wenzel legte auf. Er setzte sich in seinen Bürostuhl und atmete tief durch. Er hätte sich freuen können, er tat es aber nicht.

Wie kann ich dies dem Chef beibringen?, schoss es Lutz durch den Kopf, während er den Hörer sprachlos in der Hand hielt. Die Begegnung mit dem Chef machte ihm Angst. Er nahm sich vor, seinem Vorgesetzten diese Nachricht so spät wie möglich, wenn überhaupt mitzuteilen. Diese Angst ließ ihn vorerst vergessen, dass seine Träume von einem Büro in Prag zunichte gemacht waren und dass das Geld, das er zu diesem Zwecke in seinem schwarzen Koffer in Klaras Auto in Prag gelassen hatte, weg war.

Kapitel 42

Es war die Art der tschechischen Männer, plötzlich zu kommen und genauso spontan zu gehen. So zumindest glaubte ich das und so wunderte ich mich daher nicht, als eines Tages plötzlich wieder Honza vor meiner Haustür stand und so tat, als hätten wir uns zuletzt erst vor zwei Tagen gesehen. Honza lächelte und meinte: „Da bin ich wieder."

Während ich ihn wie einen Probanden in den Ohrenbackensessel setzte, um sofort für mich festzustellen, dass er genauso wenig wie Mirek hinein passte, begann Honza zu erzählen: „Es ist alles nicht so gelaufen, wie wir es uns vorgestellt haben. Wir waren wie kleine Kinder, denen man ein neues unbekanntes Spielzeug in die Hand gibt. Wir haben alle seine Möglichkeiten ausprobiert, natürlich ohne eine Anleitung. Letztlich haben wir feststellen müssen, dass wir mit ihm nicht umgehen können." Honza unterbrach sich kurz, blickte um sich, dann bat er: „Gibt es in diesem vornehmen Hause auch Bier?"

Ich verschwand kurz in der Küche. Als ich mit einem Pilsner Urquell in der Hand zurückkehrte, lachte Honza fröhlich. Er machte die Flasche an der Tischkante auf, nahm einen kräftigen Schluck und fuhr fort: „Also, wo bin ich denn stehen geblieben? Ja das mit dem Spielzeug."

Er trank die Flasche leer, dann sah er mich fragend an.

„Ich hole noch eine."

„Nein, so war es nicht gemeint, aber schön wäre es schon."

Honza stand auf und während er weiter sprach, folgte er mir die paar Schritte in die Küche: „Wir waren wie ausgehungert, ausgehungert nach Freiheit und dachten, sie wird uns geschenkt. Wir bräuchten nur mit den Händen nach ihr zu greifen, um sie zu besitzen. Wir mussten einsehen, dass es nicht so ist. Beides haben wir verloren, unsere Partei sowieso und die Firma dazu."

„Die mit den Lederjacken? „

Honza, der inzwischen wieder zurückgelehnt im Sessel saß und schon fast die zweite Flasche geleert hatte, nickte und fügte hinzu:

„Ukrainer haben sie übernommen und deswegen bin ich jetzt hier, um die Jacken wieder zu holen. Ich muss gleich wieder weg. Die Ukrainer sind ungeduldig."

„Ich dachte, denen dort geht es noch schlechter als den Tschechen."

„Grundsätzlich ja, aber diese beiden leben ja bei uns und haben Geld. Woher, das interessiert mich nicht. Hauptsache unsere Firma überlebt es."

Eine halbe Stunde später waren die Jacken im Auto und Honza fuhr davon.

Als er weg war, fiel mir ein, dass ich ihm auch die Bilder der beiden Maler Blaschek und Hurka hätte mitgeben sollen, die seit Monaten bei mir in einem der Zimmer hinter einem Schrank standen. Das große hätte sowieso nicht mehr ins Auto gepasst, tröstete ich mich und begann meine tägliche Routinearbeit im Haushalt zu verrichten.

Egal, was ich auch machte, gedanklich war ich in Prag. Ich dachte an die einzelnen Männer, die ich dort kannte, an ihre und meine Parteiaktivitäten. Ich fragte mich, wie wohl die bevorstehenden Wahlen ausgehen würden und versuchte mir einzureden, dass mir das Ergebnis gleichgültig sein könnte, genauso wie das weitere Schicksal von Mila, Mirek, Wenzel oder Franta. In meinem Innersten aber wusste ich, dass es mir nicht egal war, wer jetzt diese Stadt und damit die Republik regieren würde. Ich empfand Angst.

Ich schlief schnell ein, wachte aber mitten in der Nacht auf, die letzten Szenen des Traumes in Erinnerung: Zwei junge Männer brachen die Türen meines weißen Mercedes auf, der wie gewöhnlich, wenn ich in Prag war, in der Kafkova-Straße stand. In der nächtlichen Dunkelheit konnte ich ihre Gesichter nicht erkennen, spürte aber, dass sie jung waren, ihre Physiognomie sprach dafür. Vom Balkon aus, auf dem ich stand und die beiden beobachtete, versuchte ich zu schreien, wusste aber nicht, in welcher Sprache ich es tun sollte. Ich fragte mich, warum ich darüber jetzt nachdachte, wo ich schnell handeln und sich nicht mit solchen Fragen befassen sollte. Doch aus irgendeinem Grund, den ich selbst nicht nachvollziehen konnte, sagte ich nichts. Schweigend sah ich zu wie einer von ihnen eine schwarze Aktentasche aus dem Auto herausholte. Jetzt rief ich: Nehmen sie das Geld mit. Es ist sowieso nicht meins. Die eigene Stimme war es, die mich geweckt hatte.

Ich lag eingerollt auf der linken Seite und dachte: Es waren doch Ukrainer.

Ich fragte mich, wie ich darauf kam. Honza`s Besuch fiel mir ein. Völlig absurd, dass beides miteinander etwas zu tun haben könnte. Ich drehte mich auf den Rücken und schlief bald wieder ein.

*

In derselben Nacht saßen Franta, Pavel und Mirek in der Kneipe „Beim heiligen Wenzel" noch beisammen, als schon längst alle gegangen waren und die Kneipe schon hätte geschlossen werden sollen. Der bucklige Wirt ließ sie dort an dem kleinen eckigen Tisch mitten in dem extrem hohen Raum sitzen. Er war ein wenig stolz und sich dessen bewusst, dass in seiner Kneipe nicht nur die sogenannte Stammtischpolitik betrieben, sondern, in seinen Augen echte Entscheidungen besprochen wurden. Man konnte sich kaum unterschiedlichere Typen vorstellen, wie die drei. Das Alter, das Aussehen, aber vor allem die Biographie der drei waren fast schon konträr. Die politische Situation dieser Tage brachte sie zusammen, sie hatten ein gemeinsames Ziel: Sie wollten den gemeinsamen Staat der Tschechen und Slowaken retten, denn nicht nur die meisten Parteien und Vereinigungen der beiden Teilrepubliken bereits aufgegeben hatten.

„Wir müssen einen Aufruf machen", schlug Mirek vor.

„Das hätte von Franta kommen können. Aufruf zur Erfüllung des Fünfjahresplans, das kauft uns noch niemand ab", widersprach Pavel.

„Ich finde einen Aufruf nicht schlecht. Zum Beispiel: „Lasst unsere 70- jährige Geschichte nicht sterben!"

Pavel sah von Franta zu Mirek. Er sprach mit ein wenig ironischer Stimme: „Darunter malen wir ein paar Kränze. Mir kommen die Tränen. Nein, meine Herren, das zieht nicht mehr. Die Zeiten haben sich geändert. Wir müssen eine Partei, wenigstens eine Bewegung, die gewählt werden kann, ins Leben rufen."

„Hast du nicht gemerkt, dass in den letzten Monaten ein paar Parteien, und solche die es sein wollten, untergegangen sind? Und im Übrigen, soweit ich mich erinnern kann, bist du es gewesen, der sich gegen eine Parteimitgliedschaft erfolgreich gewehrt hatte."

„Mirek, das bringt uns nicht weiter", ermahnte ihn Franta. Er nahm einen kräftigen Schluck aus dem halbleeren Glas und zündete sich die nächste Zigarette an.

„Vielleicht lag es einfach nur an dem Namen, dass eure Partei untergegangen ist", polemisierte Pavel.

„Vielleicht, obwohl ich es nicht glaube, aber vielleicht", wiederholte Mirek, sichtlich über den Untergang traurig.

„Es ist doch auch in deinem Sinne, dass wir es noch einmal versuchen", beschwichtigte Pavel.

Der bucklige Wirt kam mit drei vollen Krügen, stellte sich hinter den einen leeren Stuhl und sagte: „Ja, meine Herren, die Demokratie. Sie ist wie eine Frau, die man glaubt schnell besitzen zu können. Ja, man glaubt sie schon zu haben. Sie ist beinahe schon in einem verwurzelt, und dann? Wenn man sich ihrer schon sicher ist, verschwindet sie wieder wie eine Unbekannte."

„Ich habe es. Wir nennen die Bewegung einfach „Demokratie 92", schlug Pavel vor, hob sein Glas und rief: Prost ... auf die Demokratie."

„Die Damen nicht zu vergessen", fügte der Wirt hinzu.

Kapitel 43

Wie jedes Pferd spürte auch Lutzs Hengst die innere Unruhe des Reiters. Trotz sicherer und geübter Hände des Reiters übertrug sie sich auf das Tier, das gleichfalls unruhig wurde. Das fatale in solchen Situationen ist aber, dass der Mensch, trotz seiner Unruhe, stets das Vernunftwesen bleibt. Nicht immer erkennt der Mensch, dass das Tier nur seinetwegen unruhig ist. Lutz bildete hierbei keine Ausnahme, er war sich seiner inneren Unruhe nicht bewusst und ärgerte sich über das ungehorsame Pferd, das zum wiederholten Male ohne einen sichtbaren Grund nervös zusammengezuckt war. Er strafte es mit der Peitsche, nahm die Zügel kürzer und ritt weiter durch den frühen Morgen. Er nahm weder die zahllosen Krokusse noch die hellgrün leuchtenden Blätter der Bäume wahr. In Gedanken saß er in einem großen Jugendstil-Zimmer mit Stuck in einem breiten Ledersessel vor einem überdimensionalen Schreibtisch, der noch größer und wuchtiger war, als der, den er schon hatte, und blickte auf das Gemälde einer vollbusigen Schönheit. Es sollte mit dem Teufel zugehen, wenn ich es nicht schaffe.

Im selben Moment nahm er die Zügel automatisch noch kürzer. Das bedrängte Tier, warf den Kopf nach unten, nach rechts und links, die Zügel in Lutz Händen gaben nach, das Pferd setzte sich in den Galopp. Nach zwei Sprüngen stürzte Lutz herunter.

„Sie können von Glück sagen, dass nicht mehr passiert ist. Eine kleine Fraktur des Unterschenkels. Das haben wir in ein zwei Stunden genagelt und in sechs Wochen laufen sie wieder", tröstete ihn der Chefarzt der chirurgischen Abteilung der Universitätsklinik in Bonn.

In sechs Wochen, wiederholte Lutz für sich, ohne sich der Schmerzen wegen, bewusst zu machen, wie lang oder kurz diese Zeit war und was in ihr alles geschehen könnte und was mit Sicherheit geschehen würde.

*

Am selben Tag, fast zum selben Zeitpunkt stand Franta mit Pavel und Mirek im zweiten Stock des Bürgermeisteramtes des Bezirkes Prag 6, um die „Demokratie 92" als eigene Partei eintragen zu lassen. Die kleine ältere Sachbearbeiterin ließ die drei Männer vor ihrer offenen Tür einige Minuten warten. Sie tat so, als müsste sie noch dringend ein paar Aktenordner aus dem Regal in der linken Ecke des schmalen länglichen Raumes in die entgegengesetzte rechte Ecke ordnen. Die drei sahen wortlos zu, wie sie sich auf die Zehenspitzen stellte, einen Ordner nach dem anderen in beide Hände nahm, diesen genau viereinhalb Schritte weit auf dem dunkelbraunen Linoleum trug, dessen quadratisches Muster wohl schon seit Jahrzehnten kaum mehr zu erkennen war, um den einen und dann den nächsten Ordner in die untersten Fächer des Regals nebeneinander hinzustellen.

Jeder für sich überlegte, ob es angebracht war ihr Hilfe anzubieten. Auf der einen Seite war sie nicht nur klein sondern auch schmächtig, auf der anderen handelte es sich hier um staatliche Akten, womöglich mit brisantem Inhalt, der nicht nur ohne weiteres, sondern gar nicht, von Außenstehenden, die nicht unter Amtspersonen fallen, in die Hand genommen werden durften. Während die Frau bereits mit dem vierten Ordner mitten im Raum stand, klingelte plötzlich das Telefon. Vor Schrecken ließ sie den Ordner fallen, um zum Telefon zu eilen. Nach einem Schritt in die Richtung des Telefons, der sich wie in allen Büros auf der Welt auf dem Schreibtisch befand, fiel ihr der Ordner ein. Sie drehte sich um, nahm den geöffneten Ordner in die beiden Hände und schritt mit ihm zum Telefon. Sie legte den Ordner, so offen wie er war, auf die Tischplatte, nahm eine gerade Haltung ein und nahm den Hörer ab:

„Referat 7.4.3." meldete sie in den Hörer.

Alle drei Männer vor der Tür blickten automatisch zu dem neben der Tür angebrachten Schild.

Pavel nickte zustimmend, Mirek begann zu lachen.

In diesem Moment fiel der Frau auf, dass ihre Tür offen stand. Aus einem Grund, den die drei nur vermuten konnten wagte sie aber nicht, das Gespräch zu unterbrechen, um die Tür schließen zu können.

Nach mehrmaligem „Ja, ja" und „selbstverständlich" wurde das Gespräch beendet.

Von ihrem Schreibtisch aus rief die Frau den drei Männern zu: „Worauf warten sie?"

Pavel und Mirek sahen Franta an, er war der älteste unter ihnen. Er trat jetzt in das Zimmer ein: „Wir wollen unsere Partei anmelden."

„Die letzten vierzig Jahre haben wir eine einzige Partei gehabt und sie hat ausgereicht. Jetzt kommt jeder her und denkt, er verstünde nicht nur etwas von der Politik. Nein, er will auch seine eigene Partei haben. Unabhängig davon wie viel Arbeit es uns macht. Aber das hat noch niemanden interessiert."

„Aber Gen ..." Franta sprach das Wort Genossin nicht zu Ende, Mirek, der gemerkt hatte, was Franta sagen wollte, fiel ihm ins Wort: „Wir haben alles vorbereitet. Sie brauchen nur zu unterschreiben und zu stempeln."

„Meinetwegen, wenn es sein muss."

Während die Sachbearbeiterin nach einem Ordner griff, überlegte Franta, ob ihre Art und Weise, wie diese Frau sie behandelte und wie sie mit ihnen sprach, symptomatisch für das kommunistische Regime war, oder nur eine Charaktereigenschaft dieser Frau. Er glaubte zu wissen, dass dieses Verhalten nicht nur an der einen Person liegen konnte, sondern vom System beeinflusst worden war und biss ärgerlich die Zähne zusammen.

Kapitel 44

D ie Verletzung von Lutz erwies sich als komplizierter, als wie es der Chefarzt ihm kurz nach seiner Einlieferung ins Krankenhaus mitgeteilt hatte. Die für den kommenden Tag vorgesehene Operation, während derer man die beiden Knochenstücke wieder miteinander verbinden wollte, musste wegen plötzlich aufgetretenen Kreislaufproblemen verschoben werden. Man hatte Lutz zwar empfohlen, die Operation mit Hilfe der Lokalanesthäsie durchführen zu lassen. Davor hatte er aber solch eine Angst, dass ihn nicht einmal der Hinweis zum Einverständnis für diesen Eingriff bewegte, er müsse anderenfalls mindestens mit der doppelten Zeit für den Heilungsprozess rechnen. So lag er bereits die achte Woche im Bonner Universitätskrankenhaus. Er versuchte viel zu lesen, doch die Schmerzen im Bein, kombiniert mit einer nicht definierbaren Unruhe in seinem Inneren, ließen ihn schnell ermüden. Meist nach ein paar Seiten, mitten im Satz, schlief er ein. Er träumte unruhig, wachte wieder auf, las weiter, um dann wieder nach ein paar Seiten Text einzunicken.

Er ritt durch die ihm so vertraute Allee, hatte aber das Gefühl, sein Körper sei zu schwer für den Rücken des Pferdes. Lutz überlegte, woran dies liegen könnte. Dann fiel ihm der schwarze Aktenkoffer ein, den er statt der Reittasche an seinem Sattel befestigt hatte. Das Geld ist verdammt schwer, nur noch ein paar Kilometer und dann bin ich es los und dann geht es dem Tier wieder besser, tröstete er sich im Traum. Es fiel ihm ein, dass er weder genau wusste wie viel Geld in dem Koffer war, noch wem er es und wo er es übergeben sollte. Vielleicht reite ich damit durch die Ewigkeit? Nein, es gibt ja diese Tschechen, die sollen es bekommen.

Lutz schlug die Augen auf. Vor ihm stand sein Chef, Lutz zuckte zusammen:

Es war unsere Hoffnung. Die Freiheitlichen sollten in Europa eine neue Chance bekommen. Ich hatte so eine Vision: Von Prag aus wird sich der freiheitliche Gedanke wie vormals die Lehre Keplers durch die ganze Welt verbreiten. Wir haben nicht nur dazu beigetragen. Nein, wir waren es, die diese Lehre zu neuem Leben erweckt haben. Jetzt sind sie nicht einmal im Parlament. Sie haben versagt und sich hierher geflüchtet, lächerlich.

Lutz schloss wieder die Augen. Als er zum Mittagessen geweckt wurde und die an seinem Nachttisch stehenden Blumen sah, fragte er die Schwester, von wem diese waren:

„Ihr Chef war da."

Jetzt wusste Lutz, dass diese Begegnung nicht ein Teil seines Traumes gewesen war. Mit einem Mal fielen ihm gleichzeitig Mila, Manfred, Klara und das Geld ein, das er bei seinem letzten Besuch in Prag mit hatte. Er wusste jetzt genau, woher seine innere Unruhe herrührte. Sein Körper begann zu zittern. Er versuchte sich zu beruhigen, in dem er sich sagte, ihm könne man keine Schuld nachweisen.

Er war sich zu sicher, dass im politischen Leben Objektivität das Letzte war, was bei der Verurteilung einer Person eine Rolle spielte. Man würde ihn fallen lassen. Wie schon so viele vor ihm. Er würde wieder einer von vielen sein, in der Masse,

„Au", schrie Lutz auf. Die in seiner Nähe stehende Schwester senkte ihren blonden Kopf über ihn: „Es wird wieder gut werden. Jetzt essen wir einen kleinen Happen und dann kommt der Onkel Doktor und schaut sich unser Beinchen an."

Lutz konnte nicht anders als Lächeln, sie war so schön. Er dachte an Klara.

*

Die Stammkunden „Beim heiligen Wenzel" waren heute, einen Tag nach der Bekanntgabe der Wahlergebnisse so vollzählig wie schon lange nicht mehr erschienen. Keiner von ihnen hätte sagen können, warum es sie eigentlich alle an diesen einen Ort zog. Sie kamen, um über die Zeit, die jetzt kommen würde, zu sprechen. Dass sie anders würde, als die vor der Samtenen Revolution, aber auch anders, als die beiden letzten Jahre, darüber waren sich alle einig. Keiner wollte aber über das Thema, das sie beschäftigte, sprechen.

So standen sie da, tranken ihr Bier, aßen die noch heißen Topinky mit viel Knoblauch und Schmalz und rauchten viel.

Wenzels Gesicht hellte sich plötzlich auf, er lächelte.

„Dass du es an deiner Stelle noch fertig bringst", stellte Franta fest, drehte sein Gesicht in die Richtung, in die Wenzel blickte.

In der offenen Tür stand Klara.

„Ich verstehe", ergänzte Franta und rief Klara das übliche „Ahoj", entgegen.

„Ahoj", entgegnete Klara und stellte sich zu den Männern. Sie achtete darauf, weder unmittelbar neben Wenzel zu stehen, noch so, dass sie ihm gegenüber stand.

„Wie früher. Wir sind wieder vollzählig," stellte Franta fest, hob den Krug hoch und rief fast schon zu laut: „Prost."

„Mila fehlt", konstatierte Pavel.

„Der hat sich aus dem Staub gemacht, aber Du weißt wo er ist?", wandte sich fragend Wenzel an Klara.

„Nein, wirklich nicht! Wir glauben es Dir."

Obwohl sich Klara über Wenzels Bemerkung ärgerte, schwieg sie. Statt ihr ergriff Franta das Wort und fragte sie, wo sie die ganzen letzten Wochen gewesen war, in denen man sie nicht gesehen hatte. Wie oft, als sie durch die Straßen von New York gegangen war oder die ungestümen Meereswellen in der Nähe von San Diego beobachtet hatte, stellte sie sich vor, wie sie ihnen hier über ihre ersten Eindrücke aus Amerika erzählen wird. Jetzt stand sie da, zwischen ihnen und wusste nicht, wie sie beginnen sollte.

„Jedenfalls habt ihr euch aus dem Staub gemacht, einfach so", bemerkte Mirek, der neben ihr stand.

„Was heißt hier aus dem Staub gemacht. Ich hatte ein Forschungs-stipendium von der Demokratischen Partei in den USA, und dass ich es wahrgenommen habe, das wird jeder von euch verstehen."

„Wiederhole es noch einmal", forderte Wenzel Klara auf.

„Ja, ich war in Amerika. Warum auch nicht?", Klaras Stimme klang ärgerlich.

„Warum auch nicht", wiederholte Pavel, dem Franta ins Wort fiel: „Du hättest hier bleiben können, um für Deine Partei den Wahl-kampf zu machen."

„Wir haben einen Geschäftsführer. Das wisst ihr alle." Klara sah ärgerlich um sich.

Wenzel, der Klara die ganze Zeit genau beobachtete, fiel auf, dass ihre Gesichtszüge trotz Erregung jetzt weicher wirkten, als jemals zuvor. Ja, sie gefiel ihm, vielleicht noch mehr als früher.

„Alles bitte schön in der Vergangenheit sprechen."

„Mirek, das verstehe ich nicht", meinte Klara.

„Also um deutlich zu werden, ihr hattet einen Geschäftsführer und ihr hattet eine Partei, aber das ist vorbei. Prost."

Als ihn Klara verständnislos ansah, stellte Mirek seinen Krug wieder hin. Er begann die Geschichte mit dem verschwundenen Geld der Partei und dem seit diesem Zeitpunkt vermissten Mila zu erzählen.

Sie, die am Tag nach dem Treffen mit Lutz nach New York abgeflogen war, hörte fassungslos zu. Allmählich verstand sie, was geschehen war. Als Mirek seine Ausführungen beendet hatte, fragte Klara:

„Was machen wir jetzt?"

„Wir gehen wieder dorthin, woher wir gekommen sind", bemerkte Wenzel.

„Du willst wieder Bahn fahren? Dass ich nicht lache.." Frantas iro-nischer Ton ärgerte Wenzel, doch er nahm sich vor, ihm nicht zu antworten. Vor sich sah er die erste Versammlung auf der er sprach, wie damals spürte er Frantas Blick:

„Ja wir haben verloren, Prost meine Herren."

Epilog

Zwei Jahre danach wieder in Prag, betrat ich die Kneipe „Beim heiligen Wenzel".
Ich erwartete ein fröhliches „Ahoj", doch im Ausschank blieb es still. Es fiel sofort auf, dass statt der Stehpulte im Ausschank jetzt Spielautomaten standen. Der große Gastraum wurde neu gestrichen, die Originaltische und die Stühle wurden anders angeordnet. Die Tischdecken waren so sauber, wie nie zuvor. Jedoch, die Stammkunden haben hier genauso – wie ihre Ideen – keinen Platz mehr, eine neue Zeit ist angebrochen.

Akteure des Stückes

Namensliste (tschechische Seite)

Blascheck	– Maler
Braun, Dr.	– Mitgründer der Partei „Freie Demokraten"
Filip	– Unterzeichner der Charta 77
Franta	– ein tschechischer Kommunist
Fau K.	– katholische Aktivistin, Klub der katholischen Frauen
Prof. Hurka	– Maler
Honza	– Jungunternehmer, Mitgründer der „Partei des kommendenJahrhunderts"
Ivan	– mein früherer Nachbar – Mires Bruder
Jana	– Autorin
Klara	– Staatsanwältin, Manfreds Freundin, Mitgründern der liberalen Partei
Herr Lipsch	
Ingenieur Malý	– Unterzeichner der Charta 77
Matuš	– Herausgeber der Zeitung „Kurs 99"
Mila	– Mitgründer der liberalen Partei, ihr Geschäftsführer
Mirek	– mein früherer Nachbar, Untersuchungskommission für Vergehen gegen die Demokratie, Musiker-Zeitungsjournalist
Novak Jan	– inoffizieller Mitarbeiter der StB (Staatssicherheit)
Pavel	– Untersuchungskommission für Vergehen gegen die Demokratie/Verein für rechtliche Unterstützung der durch den sozialistischen Staat Verfolgten
Wenzel	– Mitglied des Brügerforums
Zdenka	– inoffizieller Mitarbeiterin der StB (Staatssicherheit)

Namensliste (deutsche Seite)

Gudrun   – Sudetendeutsche, Franz erste Liebe
Lutz   – ein deutscher Liberaler
Manfred   – ein deutscher Liberaler, Freund von Klara

Historische Persönlichkeiten – Echtnamen

Alexej (Alexej Čepička) (*18. August 1910 in Kroměříž; †30. September 1990 in Dobříš) war ein tschechoslowakischer Politiker. Mitglied der kommunistischen Partei, inhaftiert in Aussschwitz und Buchenwald. Von 1947 bis 1956 General, Justiz- und Verteidigungsminister, Mitglied des Politbüros des Zentralkomitees der Kommunistischen Partei und Schwiegersohn des Premiers Klement Gottwald. Gegründet der Strafbataillone

Mucha Alfons *24. Juli 1860 in Ivančice (Eibenschütz) in Mähren; †14. Juli 1939 in Prag) war ein tschechischer Plakatkünstler, Grafiker, Illustrator, Maler, Amateurfotograf und Kunstgewerbler, der als einer der herausragenden Repräsentanten des Jugendstils gilt.

Slanský Rudolf (*31. Juli 1901 in Nezvěstice, Böhmen, Österreich-Ungarn; †3. Dezember 1952 in Prag) war von 1945 bis 1951 Generalsekretär der Kommunistischen Partei der Tschechoslowakei (KSČ) im Schauprozess zum Tode verurteilt.

Štrougal Lubomír (*1924) studierte von 1945 bis 1949 Rechtswissenschaften an der Karls-Universität Prag. Bereits während seiner Studienzeit wurde er im Jahre 1948 Mitarbeiter der Kommunistischen Partei der Tschechoslowakei (KSČ). Er war zwischen 1957 und 1959 Erster Sekretär des KSČ-Regionalkomitees Budweis. 1958 wurde er Mitglied und zwischen 1965 und 1970 Sekretär des Zentralkomitees der KSČ.

Štrougal war zwischen 1970 und 1988 Ministerpräsident der ČSSR. Im Oktober 1988 trat er nach parteiinternen Differenzen mit Miloš Jakeš vom Amt des Ministerpräsidenten zurück

Namensliste (deutsche Seite)

Gudrun	– Sudetendeutsch, Franz erste Liebe
Lutz	– ein deutscher Liberaler
Manfred	– ein deutscher Liberaler, Freund von Klara

Parteien/Organisationen (tschechische Seite)

Bürgerforum – Wenzel

Bürgerbewegung

Demokratie 92: Mirek, Pavel, Franta

Freien Demokraten: Dr. Braun

Klub der katholischen Frauen: Frau K.

Liberale Demokraten: Mila, Klara

Partei der tschechoslowakischen Neutralität

Partei der allmählichen Fortschritts im Rahmen des Gesetzes und der Gesellschaft für eine erfreulichere Gegenwart

Republikanische Union

Schwarze Barone: Herr Lipsch

Tschechoslowakischer Kongress

Parteien/Organisationen (deutsche Seite)

Liberale Partei: Lutz, Manfred

Tschechische Zeitungen

Demokrat – Erstausgabe: Januar 1990

Forum – Erstausgabe: 1. Februar 1990

Kongress – Erstausgabe: 3.10.1990

Kurs 99 – Erstausgabe: liberale Zeitung, Herausgeber Mauš

Naše rodina (Unsere Familie) – Erstausgabe: 3. Januar 1990

Rude Právo – Právo – Parteiorgan der kommunistischen Partei

Rudé Kravo

Studentské listy (Studentische Blätter) – Erstausgabe: 5. April 1990

Štkrt (Strich) – Erstausgabe: Januar 1990